LETTRE

ANNVELLE DV

IAPON ENVOYEE
au P. Pasius Prouincial.

Au T.R.P. Claude Aquauiua
General de la Compagnie
de IESVS.

A PARIS.
Chez CLAVDE CHAPPELET
ruë S. Iacques, à la Licorne.
1605.

LETTRE ANNVELLE
du Iapon enuoyee au P. Pasius
Prouincial.

AV T. R. P. CLAVDE
Aquauiua General de la Compagnie de
IESVS.

VOVs aurez peu apprendre par les Lettres annuelles, & par le supplément escrit au mois de Feurier de cet an 1601. les reuolutions qui ont eu cours dans le Iapon iusques à present, les tribulations & dangers que nous auons passez auec la perte & la ruine d'vne grãde partie de ceste Chrestienté. Comme aussi le remede que la diuine prouidence apres vn si rude fleau, va descouurant en l'heureux succez de nos affaires. Encore qu'il n'y ait que sept mois que ces despeches vous furent enuoyees, neaumoins parce que le vaisseau

A ij

qui ſouloit venir de la Chine n'eſt point
arriué ceſte annee, ce qui nous fait perdre eſperance de pouuoir eſcrire au
mois de Mars prochain, nous auons
penſé vous donner aduis par ce Nauire
Portugais, venu de Manile, & qui prend
la route de Macao, de tout ce qui eſt ſur-
uenu depuis, preuenant l'occaſion que
nous ne ſçaurions recouurer au bout de
l'an, bien eſt vray que le partement ſu-
bit de ce vaiſſeau ne nous donne loiſir,
au lieu d'vne entiere Annale, que d'eſcrire vn abregé de noſtre Hiſtoire. Ie vous
diray en premier lieu de l'eſtat du Iapon
en general, pour retomber apres aux
particularitez remarquables de ce qui
eſt aduenu és lieux où nóus auons des
demeures & nombre de Chreſtiens.

Daifuſama s'eſt deſia emparé de l'Em-
pire du Iapon, & depuis la victoire
qu'il remporta des Gouuerneurs qui
s'eſtoient eſleuez contre luy, il ſe rend
de iour en iour plus ſouuerain & abſo-
lu, ordonnant de tout à ſa fantaſie, tant
pour la punition des rebelles que re-
compenſe de ceux qui auoient ſuiuy
ſon party. Et combien qu'en apparence
il face toutes choſes comme tuteur du

fils de Laïcofama nommé Fireifama
qu'il entretient toufiours en fon eftat:
neanmoins en matiere de gouverne-
ment il fe comporte en Seigneur fou-
verain. Au mois d'Aouft dernier Can-
quetafo apres plufieurs pourparlers de
paix, vint du bout du Iapon Oriental à
Meaco, pour luy faire l'hommage & luy
rendre l'obeiffance. Et le Roy ou Giacata de Saffama qui habite la region
Occidentale mis en route par Daifufama, le recherche de paix qui fe doit bien
toft iurer entre eux. De façon que tout
le Iapon demeurera paifible fous la do-
mination de Daifufama beaucoup plus
affeurément qu'il n'eftoit ces annees
dernieres fubiect à Laïcofama.

Quant à ce qui concerne noftre Compagnie nous fommes dans le Iapon 107.
auec 250. coadiuteurs nommez Dogichi, fans y comprendre ceux des Semi-
naires, & d'autres qui font departis en
plufieurs maifons. Nous auons envoyé
plus de vingt des noftres à Macao, dont
il y en auoit dix-fept eftudians, & les
trois autres eftoient artifans de ce College. Ie ne comte point les Peres & les
freres qui demeurent à Macao & dans

la Chine, lesquels sont de ceste Prouince là, ny ceux que nous attendions le
mois d'Aoust passé, dont on n'a point eu
de nouuelles à cause que le Nauire de la
Chine n'est pas venu.

Ceux-cy donc comme vrais enfans
de la Compagnie en ont exercé les fon-
ctions auec le fruict que nous dirons cy
apres, pourchassans le salut du prochain
sans negliger le leur, aidés des renouuel-
lemens des vœus qui sont vsités en
nostre religion, faisans leur profit des
exhortations familieres, & des exercices
spirituels, que tous du petit au plus
grand ont faicts pour ralumer la ferueur
de l'esprit. Mais ce qui a particulierement faict plus de fruit és nostres, sont
esté les trauaux & tribulations que nostre Seigneur nous enuoye souuent
pour acquerir & pratiquer toute sorte
de vertu : afin aussi que nous recourions
à luy auec plus d'efficace quand nous
sommes par trop distraicts & empor-
tés des grandes & diuerses occupa-
tions.

Les succez de ceste Chrestienté (comme vous pourrez remarquer en ce discours) ont esté variables, pleins de fra-

yeurs, d'angoisses & dangers qui sont
les fruicts ordinaires du Iapon. Mais la
diuine bonté nous en a deliurez, & la
foy de noftre Seigneur Iefus-Chrift demeure auec beaucoup de credit & de
reputation, & nos affaires mieux efta-
blies, iouiffent d'vn grand repos & tran-
quillité. Pour le vous faire clairement
entendre, i'eftime qu'il eft neceffaire de
vous racomter quelques altercations
que nous auons euës ces iours.

Depus qu'Auguftin Tzunotamindo-
no eut efté decapité, & fon eftat ruiné
auec la perte de la Chreftienté qui y
eftoit, Daifufama commãda que Dom-
Protais Seigneur d'Arima, & Dom-
Sancio Seigneur d'Omera, allaffent faire la guerre à Saffuma foubs la conduite
de Scimandono Gouuerneur de Nangafachi, lequel eftant Gentil s'eft monftré fort mal affectionné, & contraire au
fainct Euangile. Demeurans donc ces
deux Seigneurs foubs la Cornete de
Scimandono, encore que ce ne fuft en
qualité de vaffaux, ils iugeoient auffi biẽ
que nous, leur defaueur, & qu'ils a-
uoient à prendre garde à eux: de forte
qu'ils fe foumirent tres-mal volontiers

à cefte fubordination:l'experience nous
fift incontinent iuger que noftre crainte n'eftoit pas vaine. Dautant que Daifufama ayant fait ceffer les armes contre Saffuma, tous ces Seigneurs allerent
en Cour, Scimandono vfant du credit
qu'il auoit auec Daifufama pour auoir
tenu fon party en la guerre paffee, demanda pour recompenfe de fes feruices
l'eftat d'Omura, qui eftoit fort en fa
bienfeance, foit à caufe du voifinage
qu'à l'occafion de fon gouuernement de
Nangafachi,& qu'en efchange on don-
naft à Dom-Sancio les Ifles d'Amacufa.
Il negotia fi dextrement fon affaire, &
auec tant d'efficace qu'il obtint en fin
de Daifufama tout ce qu'il defiroit, &
ne reftoit plus qu'à faire feeller fes de-
pefches qu'il dēuoit auoir dans peu de
iours. Dieu permit que le P. Iean Rodrigues qui eftoit lors en Cour, fut auerty
de cefte nouuelle prouifion d'Omura,
ce qu'il fift auffi toft fçauoir à Arimandono & Omurandono, lefquels fe voyans ainfi fupplantés (c'eftoient deux
coufins fort bons amis, & l'vn perdant
fon eftat, l'autre demeuroit fort efbran-
lé) refolurent d'employer tous leurs

efforts pour faire reuoquer ce don qui
eſtoit tellement accordé que chacun
eſtimoit que ce fuſt choſe impoſſible.
Ie ne diray point la douleur & triſteſſe
que ceſte nouuelle cauſa en Omura, par
ce que ceſte Chreſtienté qui eſt la plus
ancienne que nous ayons à preſent, demeuroit par ce changement tout à faiót
deſolee, la Nobleſſe, & Caualerie, ſui-
uant la couſtume du Iapon, eſtant obli-
gee à ſuiure Omurandono, & quand
aux noſtres de Nangaſachi ils n'auoient
plus moyen de reſpirer, les terres d'O-
mura, qui ſont autour de leur ville tom-
bans entre les mains des courtiſans de
Scimandono qui eſtoient tous idolatres
& Gentils. Mais ces Seigneurs ſceurent
ſi dextrement traitter auec Daifuſama
particulierement Dom-Protais, qui eſt
homme fort prudent, & bien aymé en
Cour, qu'au bout de trois mois nous
fuſmes deliurez de ceſte rude affliction.
Dautant que Daifuſama ayant ouy les
raiſons & inconueniens qu'ils luy pro-
poſerent, non ſeulement il confirma
l'eſtat d'Omura à Dom-Sancio, & qui
plus eſt exempta ces deux Seigneurs de
ſeruir ſoubs le drapeau de Scimandono,

leur faisant l'honneur de les mettre
soubs sa Cornete blanche pour ne de-
pendre immediatement de personne
que de luy : il les accreut aussi en digni-
tez, prenant à son seruice le fils aisné de
Dom-Protais,& vn frere de Dom-Sancio, & dōna à Scimandono les Isles d'A-
macusa : lequel s'estoit vne fois declaré
ouuertement ennemy d'Atima, & d'O-
mura, piqué tout outre de n'auoir peu
executer ce qu'il pensoit tenir entre ses
mains, & que ses competiteurs en euf-
sent sorty auec tant dauantage, il se resolut de machiner leur ruine par vne
autre voie, celle des Chrestiens & la nostre tout ensemble par vn stratageme
que ie vous diray.

Depuis l'issue de la guerre que Daifusama eut contre les Regens, il estoit
demeuré si indigné contre Augustin
Tzunicamindono (qui auoit esté le chef
de ceste ligue) qu'encore qu'il fust mort
il se plaignoit souuent de luy, de ce qu'il
s'estoit tellement declaré son aduersai-
re, veu que de sa part il s'estoit tousiours
monstré son amy, & auoit promis vne
sienne niepce en mariage au fils d'Augustin : & comme il ne manquoit iamais

de flateurs qui agaçoient Daifufama par
calomnies & faulſes accuſations, ils ti-
rerent de luy quelques menaces contre
les Chreſtiens & la foy de Ieſus-Chriſt.
Cōbien que depuis la victoire & ſon retour à Ozaca, il euſt familierement diſ-
couru auec le pere Organtin, & aucuns
des noſtres qui le viſiterent en ſon nom,
& en outre nous euſt donné licence de
baſtir des maiſons en Meaco, Ozaca &
Nangaſachi, neanmoins ce degouſt
l'emporta ſi auant qu'entre autres choſes, qu'il dit quelques fois en cholere
qu'Auguſtin eſtant Chreſtien pour a-
uoir méſpriſé les Camis, & Fotogues
leurs dieux, s'eſtoit bandé contre luy, &
fauſſé le ſerment qu'il luy auoit faict, &
que la loy des Chreſtiens eſtoit preiudi-
ciable au Iapon, de ſorte que Taicoſama l'auoit rigoureuſement defendue,
encore qu'en l'execution de ſon Edit, il
ſe fuſt monſtré vn peu negligent : ſi bien
que quelques Seigneurs auoient eſté ſi
oſez de faire des Chreſtiens en leurs terres, choſe grandement puniſſable. Que
de ſa part il eſtoit reſolu de renouueller
ceſte defenſe. A ceſte occaſion qu'il a-
uoit commandé qu'en aucun endroit

(hors de Meaco & Nangasachi, où pour
l'amour des Portugais il auoit donné licence aux nostres d'y pouuoir demeurer) il n'y eust des Chrestiens, ny des peres de la Compagnie, & que si ceux-là
ne fussent retournez en leurs pays il les
eust faict mettre en croix, & qu'il eust
estimé les Seigneurs Iaponois rebelles,
& faict chastier, comme tels s'ils ne luy
eussent obey en cela. Ces paroles si se-
ches furent incontinent diuulguees, &
espouuanterent grandement les Seigneurs Chrestiens, lesquels en donnerent aussi tost auis aux leurs, & au pere
Visiteur de nostre Compagnie : cela fut
cause que les autres Seigneurs se depor-
terent de les fauoriser. Bref toute la
Chrestienté Iaponoise en demeura es-
perdue, presumans qu'ils alloient retomber en vne nouuelle persecution
plus sanglante que la derniere, dont ils
n'estoient quasi pas hors. Les nostres, ensemble tous les Chrestiens eurent recours à la faueur du Ciel, taschans d'appaiser la Maiesté Diuine auec le sainct
sacrifice de la Messe, disciplines & autres sainctes actions de penitence, afin
qu'elle daignast nous deliurer du peril

qui nous enuironnoit.

D'autre part Scimandono ne dormoit pas, ayant trouué le temps tel qu'il l'euſt ſceu deſirer : il print l'occaſion d'accuſer à Daifuſama, Dom-Prótais, & Dom-Sancio d'eſtre Chreſtiens, & que non contens d'auoir faict baſtir pluſieurs Egliſes en leurs terres, ils tenoient des peres contre la prohibition de Taicoſama, à quoy il adiouſta ce que bon luy ſembla, de ſorte que Daifuſama eſtant vn iour auec quelques Seigneurs entre leſquels eſtoit Scimandono, vint à dire qu'il eſtoit bien aduerty que d'aucuns ne tenoient compte de l'Edit de Taicoſama, ayans des Ieſuiſtes & des Egliſes en leurs terres (particulierement en Arima, & Omura, où il y en auoit pluſieurs) & qu'il commandoit qu'elles fuſſent toutes abbatues res-pied-res-terre, donnant ſeulement licence aux Peres de la Compagnie de demeurer en Nangaſachi. Puis ſe tournant vers Scimandono il luy commanda d'executer ſon commandement en toute diligence : lequel eſcriuit auſſi toſt vne audacieuſe lettre au P. Viſiteur luy obiectant qu'il luy auoit ſouuent recommandé à l'a-

miable que les Peres suiuant l'Edit de
Taicosama ne demeurassent point ailleurs qu'à Nangasachi, mais que n'ayant
tenu compte de ses aduertissemens, il
estoit contraint de luy commander que
la presente veuë, il r'appellast au port
tous les Peres suiuant la volonté de Daifusama, confirmatiue de celle de son
predecesseur.

Dom-Protais, & Dom-Sancio (comme Dieu permit) se trouuerent lors en
Cour, bien estonnez de ceste nouuelle,
car ils iugeoient que ceste execution en-
chargee à leur ennemy, seroit faicte auec
grande irreuerence, & les Eglises rasees
ignominieusement : & qu'eux mesmes
apres la perte de l'honneur couroient
fortune d'estre priuez de leurs terres, &
peut estre de la vie, estimans que ceste
persecution n'estoit pas pour prendre
fin auec la cheute des Eglises, neanmoins ils prirent courage, determinans
comme vrais Catholiques de poursui-
ure la reuocation de cet Edit, & d'y perdre plustost la vie que d'y manquer.
Pourtant Dom-Protais qui est plein de
cœur, & que nostre Seigneur fortifia en
ce peril, interposa aucuns de ses amis

qui font fort familiers de Daifuſama par
le moyen deſquels il luy fiſt entendre
clairement, que luy & Dom-Sancio
eſtoient Chreſtiens dés leur naiſſance:
comme leurs peres l'auoient eſté,& que
tous leurs Vaſſaux eſtoient auſſi Chreſtiens dés auparauant la deffence de Taicoſama, & qu'il leur eſtoit impoſſible
de changer. De façon que ce leur eſtoit,
non ſeulement vne peine & affliction
extreme, de voir que Scimandono leur
ennemy iuré, euſt charge de ruiner les
Egliſes d'Arima, & d'Omura, mais que
c'eſtoit tout à faict les deſautoriſer, &
des-honnorer, tellement qu'il leur ſeroit plus expedient de leur faire perdre à tous deux la vie. Or parce qu'il
eſtoit neceſſaire de prendre le temps à
propos, pour tirer quelque bonne reſ-
ponſe de Daifuſama, & que c'eſtoit
choſe quaſi impoſſible que l'ordre qu'il
auoit publiquement donné en preſence
de tant de Seigneurs, fuſt ſi toſt reuo-
qué, que cependant Scimandono ne
s'endormiroit pas en ſon execution;
Dom-Protais, & Dom-Sancio eſcriui-
rent au P. Viſiteur, ce qui ſe paſſoit en

Cour, & donnerent aussi aduis à Monsieur l'Euesque, qu'ils eussent trouué bon, veu le commandement de Daifusama d'abattre les Eglises, qu'ils eussent fait cela d'eux mesmes, plustost que par l'ordonnance de Scimandono, qui le feroit executer auec vn extreme rigueur, au grand mespris des Eglises, & au dommage & iniure des Chrestiens, comme il estoit arriué n'agueres. Là où au contraire cela se faisant par les mains de ses Vassaux, on pourroit euiter tous ces inconueniens, outre qu'on pourroit mettre quelques Eglises en tel point par le dehors, qu'on ne les prendroit iamais pour telles. En dernier lieu que Scimandono perdroit l'occasion de r'apporter à Daifusama leur grand nombre, & de le porter à vne nouuelle indignation contre les Chrestiens. Ces Seigneurs enuoyerent leurs lettres en diligence, dont les mauuaises nouuelles firent fondre les Chrestiens en larmes & en pleurs, car ils attendoient vne plus rude secousse que la derniere: la renommee du mal alloit croissant (comme c'est l'ordinaire) és terres d'Arima &

d'Omura, & redoubloit l'affliction &
l'ennuy d'vn chacun. En fin on print
iour pour commencer à deſtruire les
Egliſes dont les noſtres qui demeuroient és ſuſdites reſidences furent ad-
uertis, & pluſieurs Chreſtiens eurent
charge des Gouuerneurs de faire le de-
bris, lors que la prouidence Diuine (laquelle ſçait preuoir aux choſes qui pa-
roiſſent ſans remede, au iugement humain, & qui permet de ſemblables tribulations pour le profit & eſpreuue de
ſes eſleuz) ordonna que trois ou quatre
iours apres le decret de Daifuſama, ceux
qui auoient pris la protection d'Arima
& d'Omura, trouuerent l'opportunité
de parler à Daifuſama. Sans doute ç'a
eſté vne choſe merueilleuſe qu'il ſe ſoit
rencontré perſonne qui ait oſé entre-
prendre vn affaire ſi eſloigné de la couſtume du Iapon : & que Daifuſama ait
preſté l'oreille à vne requeſte qui luy
faiſoit changer d'auis, & reuoquer tout
ce qu'il auoit ordonné. Car auſsi toſt
qu'il ſceut l'ennuy qu'Arimandono, &
Omurandono auoient receu de ſa reſo-
lution, il eut compaſsion d'eux & de-
máda s'ils auoient vn tel regret comme

on luy rapportoit de la demolition des
Eglifes, à quoy luy ayant efté refpondu
que cela leur eftoit plus fafcheux que la
mort mefme : il repliqua, Si ie leur don-
nois licence de viure en Chreftiens, &
d'auoir des Eglifes en leurs terres, en feroient il eftat? Ouy, luy dit on, autant ou
plus que fi voftre Alteffe leur departoit
les meilleurs eftats du Iapon, & ne fçau-
riez mieux recompenfer tous leurs feruices que par vne telle faueur. Vous leur
pouuez dire de ma part (adioufta Daifufama) que ie leur octroie de viure, eux
& leurs fubiects librement en leur loy
& qu'ils ayent autant d'Eglifes qu'ils
voudront. Les interceffeurs s'en re-
uinrent auec cefte agreable depefche
trouuer viftement Dom-Protais, lequel
fut infiniment refiouy d'vne fi heureufe
nouuelle, & remercia affectueufement
noftre Seigneur auec tous ceux de fa
maifon, de ce qu'il ne les auoit pas ou-
bliez en vne telle neceffité. Il depefcha
fur l'heure vn courrier au P. Organtin
& vn autre à fes Gouuerneurs, lefquels
cheminans iour & nuict (par ce que
Dom-Protais menaça de les bannir s'il
y auoit vne feule Eglife abbatue quand

ils arriueroient à Arima) ne mirent pas
plus de fept ou huiᴄ̇t iours d'aller d'O-
zaca à Arima , encore qu'il y ait quinze
iournees de chemin. Pour fignaller dauantage fa prouidence Diuine , & com-
bler la ioye vniuerfelle, noftre Seigneur
permit que les courriers arriuerent le
mefme iour , qui eftoit affigné pour abbatre les Eglifes, & lors que les ouuriers
commençoient à demolir le toiᴄ̇t de
l'Eglife d'Arima , les meffagers publie-
rent à haute voix en entrans les bonnes
nouuelles qu'ils portoient, que l'exceȥ
de la ioye diuulgua incontinent par
tout l'eftat d'Arima. De façon que toutes les Eglifes demeurerent de bout, encore qu'ẽ Omura où la nouuelle ne vint
pas fi toft il y en euft quatre defaiᴄ̇tes.
Les Chreftiens rauis de ioye accouru-
rent de toutes parts aux Eglifes pour
remercier noftre Seigneur, & fe refiouir
auec nous : leur aife eftoit fi grand qu'ils
fembloient eftre hors du fens, & pleu-
roient auffi fort de ioye, comme ils a-
uoient n'agueres faiᴄ̇t de trifteffe. Dom
Protais, & Dom Sancio furent remercier Daifufama, & luy demander congé de retourner en leurs eftats , lequel

leur confirma de sa bouche, ce qu'il leur auoit faict dire par d'autres, & leur donna courtoisement congé de se retirer chez eux.

A peine ces trauaux estoient escoulez quand le mesme Scimandono excita en Cour vne nouuelle tragedie. Il auoit enuoyé vn de ses gens à Nangasachi pour achepter quelques hardes du Nauire Portugais, pour Daifusama lequel luy auoit expressement enioint qu'il se seruist de l'aide du P. Iean Rodrigues (qui est truchement du Seigneur de la Tenze, és affaires qu'il traicte auec les Portugais) apres qu'il eut achepté ce que bon luy sembla, & negotié à sa fantasie sans se soucier du Pere, il s'en retourna auec son amploicte vers Daifusama, & luy rendit comte du coust des marchandises qu'il luy auoit acheptees : Daifusama ne demeura gueres satisfaict ny de la condition des merceries ny du prix : il la treuua defectueuse au poids, pire & beaucoup plus chere que celle des autres marchans, dont il s'offensa à bon escient. Le bon courtisan se voulant excuser, & reputer la faute sur autruy (comme c'est la cou-

ſtume de telles gens) meſdit tout outre
de nous & des Portugais, impoſant que
nous ne tenions comte du Seigneur de
la Tenze, & que nous ne cherchions
qu'à faire noſtre profit. Daifuſama s'in-
digna tellement de ces calomnies qui
furent fomentees, par Scimandono,
qu'il commença à dire qu'il ne conſen-
tiroit iamais que nous demeuraſſions
au Iapon, puiſque nous ne faiſions autre cas de ſes commandemens, & qu'il
vouloit eſtre eſclarcy, comment cela
s'eſtoit paſſé, & que s'il nous trouuoit
coulpables, il chaſtieroit les Portugais
& nous auſſi comme nous le meri-
tions. Cela fut aiſé à verifier parce que
aucuns Gentils nos amis, teſmoignerent
que Scimandono & ſon Courtiſan a-
uoient toute la faute : ce que luy ayant
eſté confirmé par d'autres informations
recueillies de diuerſes perſonnes, il re-
cogneut l'innocence des Portugais &
la noſtre. De façon qu'il fiſt appeller le
P. Iean Rodrigues, & luy dit qu'il demeuroit ſatisfaiĉt, & que ſçachant la
condition des Peres, il s'eſtoit touſiours
fié en eux, voulant qu'à l'aduenir Scimandono ne ſe meſlaſt plus des affaires

du Nauire Portugais, ny des Peres.
Ordonnant par ſes lettres patentes que
les Portugais & nous, luy fuſſions immediatement ſoubmis en tout ce qui
les concerneroit, ce qui fiſt cognoiſtre
à toute la Cour la verité du faiƈt, & les
Regens s'offrirent à nous fauoriſer en
toutes occaſions, à quoy ils furent grandement incitez par la modeſtie du P.
Rodrigues (lors que par commandement de Daifuſama, ils l'examinoient
ſur la verité du faiƈt) lequel deſchar-
geant les Portugais & les noſtres, mon-
ſtra qu'il n'en vouloit ietter la faute ſur
perſonne du monde, taſchant en vray
religieux à ne cauſer par ſes paroles aucun tort ny preiudice à autruy.

Toutes ces choſes enſemble raualle-
rent beaucoup du credit, & de la reputation de Scimandono enuers Daifuſama, de ſorte qu'il partit de la Cour fort
humilié pour prendre poſſeſſion des
Iſles d'Amacuſa. De là il eſcriuit au P.
Viſiteur pour s'excuſer de tout le paſſé,
& luy en faire ſatisfaƈtion, auec demon-
ſtration de vouloir eſtre noſtre amy, &
viure en bonne intelligence auec nous.
Mais voyant clairement qu'il deſiroit

cela, de peur de perdre le gouuernement
de Nangaſachi pour la conſeruation
duquel il luy importoit fort d'auoir les
Portugais, & les noſtres de ſon coſté, le
P. Viſiteur accepta ſa bonne volonté, &
le remerciant de ceſte faueur, print occaſion de luy cotter en ſes lettres quelques principaux points, eſquels ils s'e-
ſtoit monſtré mal affectionné enuers le
ſainct Euangile & la Compagnie, tellement qu'ils auoient ſubiect de ſe defier
de ſon amitié, & ne ſe promettre aucune courtoiſie de luy, veu qu'il nous a-
uoit autresfois donné les meſmes paroles, & en effect s'eſtoit touſiours efforcé
de nous ſupplanter & faire de mauuais
offices, nous accuſant indignement à
Daifuſama, & nous mettant pluſieurs
fois au hazard de noſtre totale ruine,
Scimandono print en bonne part ceſte
correction, & s'excuſa d'article en article le mieux qu'il peut, concluant en fin
que venant à Nangaſachi il confereroit
auec luy, & feroit en ſorte que les Peres
luy demeureroient amis. De faict apres
qu'il eut pris poſſeſſion des terres d'A-
macuſa (entre leſquelles eſtoient celles
de Scichi, de Congiura, d'Oiano, & de

Summoto) voyant que ces Isles qui
estoient habitees des Chrestiens ne se
pouuoient maintenir en paix & subie-
ction sans les Peres, dans peu de iours il
s'en vint à Nangasachi, où il essaya par
toutes voyes de faire en sorte que les
nostres luy vinssent demander congé de
pouuoir demeurer en ces Isles là, se per-
suadant qu'il donneroit par ce moyen
la loy aux Peres, & leur tiendroit tousiours le pied sur la gorge. Le P. Visiteur
descouurit ce stratageme, & traictant
auec les famliers de Scimandono (qui
feignoient d'estre venus de leur mou-
uement pour leur enseigner, comment
ils deuoient obtenir licence de Scimandono de pouuoir habiter dans ses Isles)
il les remercia de leur bon auis & de
l'aide qu'ils luy offroient, par ce qu'il
n'en estoit point lors besoin, à cause
qu'il estoit resolu de n'y enuoyer vn seul
homme de la Compagnie. Les Peres ne
venans au Iapon à autre intention que
pour aider au salut des ames, (comme
ils auoient faict iusques alors en ces
Isles, sans espargner ny frays, ny peines,
dont ils les en faisoient iuges) il estoit
certain que tous leurs trauaux seroient

rendus

rendus inutiles par le changement des gouuerneurs. Ioint qu'il y auoit long temps que toute l'esperance qu'on pouuoit auoir en Scimandono estoit entierement perdue pour eux : de maniere qu'encore qu'ils eussent tousiours eu Scimandono pour amy, il n'auoit eu garde neanmoins d'enuoyer quelqu'vn des nostres en ses Isles, qu'au prealable il n'eust esté bien asseuré, que la Compagnie pourroit faire quelque chose pour le secours spirituel des Chrestiens. Les amis de Scimandono demeurerent auec ceste response bien confus, voyans leur dessein esuanouy, & ne sçachans que repliquer, prierent le Pere de ne point faire cela, veu que Scimandono estoit prest de leur octroyer tout ce qu'ils luy demanderoient. Le pere leur ferma la bouche en repliquant que c'estoit plus le profit de Scimandono, que de la Compagnie, que les nostres fussent en ses terres, & pourtant qu'il fist ce qui luy plairoit, quant à luy qu'il estoit resolu de ne luy parler iamais de cela. Le lendemain Scimandono enuoya dire au Pere, auec des paroles si honnestes, & pleines de respect, qu'il ne se pouuoit

rien desirer de plus, qu'il confessoit s'e-
stre iusques alors fort mal porté enuers
nous, & auoir esté passionné contre les
Chrestiens & la loy Euangelique, à cause de la proposition de Taicosama, duquel estant comme seruiteur & fort
obligé, la raison vouloit qu'il en vsast
ainsi, mesme lors que les Regens faisoient obseruer ses ordonnances, mais
qu'il se repentoit de ce qui s'estoit passé,
& vouloit d'oresnauant faire vne estroi-
te amitié auec les Peres, & donner à cognoistre à tout le monde les effets de
ceste promesse, & pour gage de cela qu'il
vouloit mettre ses Isles és mains des Peres, afin que sans aucun empeschement
ny destourbier, ils peussent consoler les
Chrestiens qui y habitoient auec autant
de liberté qu'ils y en auoient du temps
d'Augustin, qu'à ceste fin il le prioit
d'enuoyer quelqu'vn des nostres és
Isles. En outre il desira par ceste occasion se iustifier de ce qui s'estoit passé
auec Arimandono, & Omurandono,
priant le Pere d'estre le mediateur de
leur reconciliation, parce qu'il recher-
choit fort de leur demeurer pour amy.
Le P. Visiteur le remercia de la bonne

volonté qui luy faifoit efperer l'accom-
pliffement de fa promeffe, que volontiers il enuoyeroit des Peres aux Ifles,
fi elles eftoient tellement policees, que
ils y peuffent faire leur deuoir fans eftre
inquietez, & auec les conditions qui
enfuiuent. Premierement que toutes
les maifons & Eglifes que nous auions
és Ifles du temps d'Auguftin nous fuf-
fent rendues, & qu'il nous fuft permis
de rebaftir les Eglifes ruinees, & d'en
faire de nouuelles, autant qu'il feroit
neceffaire pour la commodité des
Chreftiens. Secondement que les E-
glifes feroient franches de toute rede-
uance, feruice, & cenfiue, comme elles
eftoient auparauant la guerre. En troi-
fiefme lieu que les Gouuerneurs & autres officiers des Ifles, lairroient faire
aux Chreftiens, & aux Peres leur deuoir
en tout ce qui eft requis par noftre faincte Loy, comme auffi les noftres ne s'en-
tremettroient point de leur gouuernement temporel. Scimandono accepta
ces conditions fans rien repliquer, &
ont efté ponctuellement obferuees depuis que nos Peres y font r'entrez, qui y
viuent en paix faifans bien leur deuoir.

Cela suffira en general pour l'estat de la Chrestienté du Iapon, reste à discourir succinctement des particularitez dés lieux où il y a des maisons & des Chrestiens.

Du College de Nangasachi, & de ses residences.

PLus de cinquante de la Compagnie ont demeuré ceste année en ce College & en ses residences, tant par ce que les nostres qui ont esté contraincts de sortir des maisons demolies par les guerres s'y sont retirez, aussi que monsieur l'Euesque y demeure ordinairement auec les superieurs de la Prouince à cause que le lieu est fort commode pour le Gouuernement d'icelle.

Aux trois residences qui estoient soubs ce College, on y en a adiousté ceste annee vne autre des terres de Fucafori, qui sont departies entre diuers Gentils, & confinent auec celles qui sont autour de Nangasachi, & par la permission des Seigneurs du lieu plusieurs se font Chrestiens, de façon qu'on y a desia basty trois Eglises, & comtant ceux qui fe font faicts baptifer en Nangafachi,ils font bien douze cens. Les confeffions (ie ne parle pas de ceux qui frequentent ce facrement , & qui communient plufieurs fois l'annee, dont il y en a telle quantité, que les noftres, y font affez empefchez) de ceux qui pour fatisfaire au commandement de l'Eglife fe confeffent vne fois l'an, font de plus de dixhuict mil trois cens tant de perfonnes.

La prefence de monfieur l'Euefque a caufé vne grande deuotion en ce peuple, par l'exemple de fa vertu, & la celebration du diuin feruice, Pontificalement auec les folemnitez requifes és principales feftes , ce qui donne vne grande auctorité aux chofes de noftre faincte foy, parmy ces nouueaux Chreftiens. Plufieurs fois depuis le partement du Nauire qui va à Macao. Il a donné le Sacrement de confirmation à ceux qui eftoient reftez du temps de fon predeceffeur enuiron huict mille. Declarant auparauant és fermons l'importance les effects, & la preparation neceffaire pour le receuoir dignement. Cela eftoit caufe qu'ils receuoient ce Sacrement, auec vne telle fubmiffion

& pieté que l'Euesque mesme en demeuroit fort edifié, repetant souuent
qu'il auoit donné le sainct Cresme en
plusieurs villes de Portugal de l'Inde, &
de la Chine, mais qu'il n'auoit iamais
rencontré de peuple qui le receust auec
tant de deuotion, & de reuerence. Ces
Chrestiens furent aussi fort consolez
de la Messe Pontificale, qu'il celebra le
Ieudy sainct, ce fut la premiere qu'ils
auoient veuë, en laquelle mondit sieur
donna la Communion de sa main à
plus de mille personnes. Il s'y trouua
tant de monde qu'il y en auoit iusques
hors l'Eglise, & les rues d'autour estoiēt
si pleines de gens qu'on n'y pouuoit
passer. Puis apres en la ceremonie qu'il
fist le mesme iour, suiuant la coustume
de la saincte Eglise Catholique, de lauer
les pieds à douze pauures, les larmes de
deuotion que l'assistance auoit respan-
dues au sermon de la Cene, oyans les
grans misteres que celebre l'Eglise en ce
sainct iour, se renouuellerent voyans
leur pasteur à genoux lauer les pieds de
ses pauures brebis.

À la feste de l'Annonciation il benist
la premiere pierre de la nouuelle Eglise

(qui a esté rebastie entre les Chrestiens,
auec trois mil escus d'aumosne, & se
trouue belle & capable) où il se trouua
grande affluence de peuple, auquel on
donna à entendre par vne predication,
que signifioit ceremonie. Et pour satisfaire à la deuotion de ceux qui s'edi-
fioient de voir leur propre pasteur, en
des actions tant sainctes, il a esté neces-
saire qu'il ait dit souuent la Messe en solemnité. Il a commencé à introduire
quelque forme de Clergé, choisissant
pour cest effect huict ieunes garçons du
ceminaire dont il y en a deux Portugais
& les six autres Iaponois, ausquels il
fait maintenant enseigner les cas de
conscience pour les rendre plus capa-
bles de leur charge. Nous esperons
qu'ils seront tels que doiuent estre les
premiers Clercs de ceste nouuelle Eglise. Au mois de Septembre, donnant l'ordre de Prestrise à deux Iaponois de nostre Compagnie, qui sont les premiers
Prestres de ceste nation, il donna les
moindres Ordres à ces Clercs, & aux
autres du Seminaire, faisant vn sermon
au peuple des degrez par lesquels on
paruient au Sacerdoce, la charge & ex-

cellence de chacun d'iceux, & particulierement combien la dignité facerdo-
tale eft eminente, confequemment
combien les Iaponois fe deuoient tenir
obligez à la maiefté diuine, pour vn fi fi-
gnalé bienfait, que de voir ceux de leur
nation efleuez à vn fi haut degré d'honneur. Ce qui efmeut tellement les auditeurs qu'ils ne pouuoient s'empefcher
de pleurer d'aife, & tous les principaux
apres la Meffe ne fçauoient comment
en remercier monfieur l'Euefque, &
nos fuperieurs.

Les difficultez qu'il y a d'introduire,
comme il faut vn clergé formé au Iapon
(parce que c'eft vne conuerfion nouuelle, foubmife à des Seigneurs Gentils, où
il y a tant de changemens que rien ny
eft affeuré, & on ne fçauroit fe preualoir
de la correction s'il en eftoit befoin)
contraignent monfieur l'Euefque de s'y
comporter auec beaucoup de refpect,
& difpofer peu à peu le fainct Concile
de Trente commande.

On a faict vn nouueau Cimetiere
pour enfeuelir les morts hors de Nangafachi, ioignant à vne petite chappelle
fort deuote de la tres glorieufe Vierge

Marie mere de Dieu : on a faict vne autre Chappelle tout au milieu, ce qui a si
bien reüssi, que c'est vn des ornemens
de ceste ville, qui donne de la deuotion
& pieté au peuple, lequel se plaist fort
de visiter souuent les Sepulchres des
defuncts & prier pour le repos de leurs
ames. Dans peu de iours on transporte-
ra auec vne procession generalle les os
de ceux qui ont esté enterrez au premier
Cimetiere, ce qui sera de grande consolation à ce peuple.

Les necessitez corporelles & spiri-
tuelles, ausquelles on a pourueu en ce
temps, les actions d'edification qu'on
pourroit racomter de ceux qui se sont
baptisez & confessez, meriteroient vne
longue histoire, car elles sont fort otdi-
naires au Iapon. Ie ne lairray pas d'en
reciter vne, laquelle procedant d'vne
vertu solide est d'autant plus recom-
mandable en madame Tecla, fille aisnée
du Roy François d'heureuse memoire.
Elle estoit mariee à vn des plus grands
Seigneurs de Bungo nommé Iuste, lequel deuint Lepreux, & peu apres par
les reuolutions du regne perdit son
Estat, comme il arriua aussi à son cousin.

Toute la nobleſſe de ce Royaume eſtant diſperſee en diuers endroicts, Iuſte vint à Nangaſachi auec ſa belle mere, ſa femme, & autres proches parens. Et dautant qu'il auoit beaucoup ſouffert en ce voyage, ſon mal creut tellement que ceſtoit horreur de le voir. Neanmoins ny les grandes fatigues, ny la longueur d'vne ſi faſcheuſe maladie ne peurent empeſcher Tecla de le ſeruir charitablement & de ſa main propre. Ce qui a eſté merueilleux en tout le Iapon, où l'on abhorre tellement la Lepre, que les meres abandonnent leurs enfans, & les femmes leurs maris. Son frere meſme & ſes autres parens, touchez d'vne fauſſe compaſſion, la conſeilloient de le laiſſer traicter à ſes ſeruiteurs, où de trouuer bon qu'on luy fiſt perdre la vie pour le deliurer du tourment que luy apportoit ſa maladie, & elle de tant d'ennuys. Que ſi ceſte Dame euſt eſté infidelle, ou peu craignant Dieu, ils euſſent aiſément executé leur meſchant conſeil, ſans que perſonne l'euſt trouué eſtrange parce que c'eſt la couſtume du pays. Mais elle ayma mieux, comme vertueuſe Chreſtienne ſouffrir toute ſorte de fatigues

que de l'abandonner, & de manquer à
le fuiure par tout. Cela dura bien dix-
huict ans, pendant lequel temps chacun
eftoit efmerueillé de fa patience, & hu-
milité. Par cefte douceur (que fon mary
preffé de la violence du mal, & accablé
de douleurs, offenfoit par fois auec des
propos piquans, & qui ne fe fouue-
noient guieres du feruice qu'elle luy
rendoit) il eut en fin vn tel remors qu'à
l'exemple de fa femme, il enduroit pa-
tiemment fon mal, & le receuant pour
vn grand bien-faict de celuy qui chaftie
ceux qu'il ayme de telles aduerfitez, il
l'en remercioit, fe confeffant & com-
muniant fort fouuent. Bref s'eftant preparé cefte annee, plufieurs iours auant
que mourir, auec vne deuotion parti-
culiere, aydé des fainctes prieres de Tecla, eftant preft à rendre l'ame, il luy
fembla voir la Royne des Anges, fort
bien accompagnee qui le venoit confoler en ce pas efpouuantable, comme
il dift à Tecla. Il rendit l'ame à fon Createur laiffant fa femme auffi defconfor-
tee, comme fi elle euft perdu vn
ieune mary bien fain, & d'autre part
confolee de luy auoir veu faire vne fi

B vj

belle fin, auec tant de marques de son
salut. On a fait quelques missions de ce
College en diuers lieux, premierement
on est allé deux fois au Royaume de
Fingo où l'on a recueilly vn grand fruict
des confessions & communions. Car
encore que Daifusama (comme nous
escriuimes l'an passé) ait baillé ce Royaume à Canguiedono seigneur Payen,
neanmoins les Chrestiens qui y demeurent, ont acquis beaucoup de credit enuers ce Seigneur, tant par la fidelité gar-
dee à Augustin, que par leur vaillance à
defendre les places, & viuent librement
en la Loy Euangelique. Et combien
qu'il ait promis d'estre amy des Chrestiens, & n'ait donné encore à personne
nos maisons & Eglises de Vto, & de
Giateusciro, si est ce que pour cela nous
n'auons osé luy demander licence de tenir des Peres de la Compagnie en ses
terres; tant à cause de ce qui s'est passé
auec le Seigneur de la Tenze, dont nous
auons parlé cy dessus, comme aussi par
ce que nous attendons la deliurance
d'vn de nos freres Iaponois, que le mesme Canguiedono retint (lors qu'il mit
en liberté les nostres qui auoient esté

pris en Vto) foubs pretexte qu'il fe veut
feruir deluy, pour reduire à fon feruice
vne perfonne de qualité qui s'eft retiré
malcontent de fa Cour.

Il fe fift tant de confeffions en Fingo
que les noftres n'auoient du repos iour
ny nuict, de forte qu'il fut neceffaire
pour fe deliurer d'vn tel abord de gens
qui venoient de toutes parts fe confeffer, s'en retourner à Nangafachi, de
peur auffi d'indigner Canguiedono
contre nous, d'autant que tout cela fe
faifoit fans fa permiffion. L'on y baptifa
plus de vingt perfonnes.

Vn de nos freres alla auffi vifiter les
Chreftiens qui fortirent de Fingo, lors
que les fortereffes d'Auguftin furent
donnees à Canguiedono, & pafferent
Saffuma, où ils furent fort bien receus
des Giacati Pere & fils, foit à caufe de
l'affection qu'ils auoient portee à Auguftin, comme auffi par ce que les trois
Chefs de ces Chreftiens font de braues
& renommez Capitaines. Les Chreftiens n'ont pas efté feuls, à fe refiouir de
l'arriuee de noftre frere (que le P. Vifi-
teur auoit enuoyé en cachete, d'autant
que le commerce n'eft pas encore ou-

uert entre les autres Royaumes de Sci-
mo & Saſſuma & eux, à l'occaſion de la
guerre qu'ils ont à preſent contre Daifuſama, & que la paix dont on parle n'eſt
pas encore faicte) ains auſſi les Seigneurs Gentils de ceſte Cour, auec le reſte du peuple, luy ont monſtré vn grand
amour & reſpect, choſe fort eſloignee
de ce qu'ils faiſoient autresfois, d'autant
que ce Royaume eſt fort addonné à l'i-
dolatrie, & à peu de cognoiſſance & d'e-
ſtime de la Loy de Ieſus-Chriſt.

La cauſe d'vn tel changement vient,
ſelon que noſtre frere racomte, de la
bonne opinion que les Gentils ont
maintenant conceue des Chreſtiens, leſquels faiſans profeſſion ouuertement
de noſtre ſaincte Loy, menent vne vie ſi
exemplaire, que les Saſſumains en ſont
tous eſmerueillez. Non ſans ſubiect, veu
qu'en la maiſon de Mimazaca (l'vn des
principaux chefs deſdits Chreſtiens) on
vit d'vn tel regime, qu'il ſemble plu-
ſtoſt vn monaſtere de Religieux, qu'vne
maiſon d'vn Capitaine, car tous les
hommes, & les femmes font le matin
leur oraiſon, & le ſoir l'examen de con-
ſcience, & ſouuent l'Aue Maria, font

fouuent la difcipline, & ieufnent fans
faillir aux iours ordonnez, & pour dire
en vn mot, ils n'ont rien perdu de cefte
ferueur & pieté, dont ils viuoient en
Giatenfciro: ce qui nous faict efperer
qu'vn iour cefte bonne femence de
Chreftiens, produira en Saffuma vne
fertile moiffon à caufe de la grande multitude des Gentils qui fe conuertit à la
foy.

On a faict vne autre miffion de Nangafachi aux Royaumes de Sanga de Ci-
eugen, & de Cicungo. Les noftres eftans
arriuez à la ville Capitale du premier
Royaume, furét courtoifemét recueillis
par vn Chreftien en fa maifon. Ils n'y
demeurerent gueres, parce qu'vne Dame Chreftienne, niepce des Gouuerneurs de la ville, les logea par force en
fa maifon (encore qu'Encindono fon
mary fuft en Meaco) elle fe confeffa
auec tous ceux de fa maifon, & d'autres
Chreftiens qui y vindrent, le preftre leur
donna à tous en la Meffe la tres-faincte
Communion. Les noftres les trouuerent en telle fincerité de vie, qu'il fembloit que ces Chreftiens ne demeuraf-
fent point entre les Gentils. Et en vn

lieu là aupres, ils treuuerent enuiron
deux cens vaſſaux de ceſte Dame qu'elle
auoit faict inſtruire en noſtre ſaincte
Foy par vn precepteur de ſon frere, qui
eſtoit fort verſé en ceſt exercice, & qui
en fin les auoit baptiſez : la venue des
noſtres en ce lieu, ne ſeruit pas peu à ces
nouuelles plantes.

Les noſtres paſſerent de Sanga au
Royaume de Cicugen, où ils deſcou-
urirent les terres de Giachizuchi (où il
y a pluſieurs Chreſtiens, & Sciemandono y a vingt mille ſacs de rente qu'il a
choiſies en ce lieu pour ſecourir auec
ſes moyens les Chreſtiens) & apres les
auoir confeſſez paſſerent à la fortereſſe
principale. Apres que le peuple fut con-
feſſé qui eſtoit à Sciemandóno, ils s'en
allerent à Facata, où les Chreſtiens les
receurent auec grande allegreſſe, & ſe
confeſſa plus de trois cens perſonnes, &
cent ſoixante Gentils qui les attendoient en bonne deuotion, receurent le
ſainct Bapteſme. Il y eut vn tel con-
cours de ceux qui deſiroient ouyr le
Catechiſme, que les Chreſtiens craignans que Caiuocami ne print cela
pour vn attentat faict ſans ſon congé,

prierent les noſtres d'auancer leur partement. De maniere qu'ils acheuerent
de viſiter en paſſant les Egliſes qui re-
ſtent en ces quartiers. Pas vn de la
Compagnie ne demeure en ce Royaume, encore que Cainocami qui en eſt
Seigneur ſoit Chreſtien. Dautant que
ceſt vn ieune homme biſare, fort plongé
és choſes du monde, qui vit parmy les
Gentils, où il s'eſt tellement refroidy
que ſa vie ſemble plus eſtre de Payen
que de Chreſtien, & adiouſtant à cela
les paroles de Daifuſama contre noſtre
ſaincte Loy, Quambiciendono pere, &
Sciemandono oncle de Cainocami iu-
gerent qu'on deuoit differer de pour-
ſuiure ceſte licence à vne meilleure occaſion : & cependant qu'on enuoyaſt vn
Pere és terres de Sciemandono, qui en
faiſoit inſtance, offrant de luy donner
vn honneſte moyen de viure. Nous attendons que Cainocami reuienne de la
Cour, & eſperons qu'on obtiendra aiſe-
ment licence de luy qu'aucuns des noſtres puiſſent demeurer en ſon Royaume, maintenant que Daifuſama ſe
monſtre plus fauorable enuers les Chreſtiens, il y a homme qui offre de faire

l'Eglise de Facata à ses frais.

La visite des Chrestiens de Cicugen acheuee, les nostres passerent au Royaume de Cicungo (que Daifusama a donné à vn Gentil) pour consoler ce peu de Chrestiens qui estoient demeurez en Corumi depuis la guerre derniere en laquelle Findanari leur Seigneur ayant perdu son estat, tous les autres soldats & Caualliers s'en allerent auec luy. Ce Seigneur se retira auec sa femme Dame Maxence fille du Roy François, & ses autres enfans en vn lieu de Morindono leur neueu, auec vn suffisant reuenu, où il demeura malade, & diminuant peu à peu il s'arma des saints Sacremens de la confession & Communion, & passa de ceste miserable vie, en l'eternelle. Tout le temps que les nostres employerent en ceste mission plus de mille personnes se confesserent, & plus de quatre cens autres y receurent le sainct Baptesme. On a remedié à plusieurs necessitez, auec vn grand profit spirituel, dõt i'obmetz les particularitez à cause de briefueté. Auec ceste occasion on fut visiter le nouueau Seigneur du Royaume, pour nous le rendre amy. Il nous receut auec tant d'accueil qu'il leur offrit vne place pour faire vne residence, & pour fabriquer vne Eglise, disant qu'encore qu'il fust Gentil, il estoit neanmoins amy des Chrestiens, & qu'il en auoit retiré plusieurs à son seruice.

L'autre mission s'est faicte du College de Nangasachi aux Isles de Goto qui sont en grand nombre, & toutes à vn Gentil soubs lequel il y a plus de vingt mille Chrestiens espars en diuers lieux, qui sont pour la plus part pescheurs & laboureurs, pauures des biens temporels, mais riches des spirituels, car ils se sont conseruez en la foy, sans auoir aucun Pere de la Compagnie, parce que leur Seigneur ne le veut permettre. Deux des nostres y demeurerent quelques semaines auec beaucoup de fruict, ils confesserent quatorze cens ames, & en Communierent cent cinquante, ce qui n'est pas peu, si on considere la rusticité de ce peuple, & la pratique du Iapon, comme nous dirons cy apres.

En vn lieu de ces Isles, habitēt des faiseurs de Sel, le Capitaine (qui estoit Gentil, & ne se baptisoit point encore que tous ceux du lieu fuſſent Chreſtiens, par ce que le Tono luy auoit donné vn de leurs Dieux Fotoques en charge) voyant que le Pere tardoit de viſiter ſon peuple, & craignant que ce ne fuſt à cauſe qu'il eſtoit Gentil, il luy enuoya vn vaiſſeau pour le prier, que ſans prendre garde à luy, il vint viſiter ce peuple tout Chreſtien. Il y alla & le Gentil le receut auec beaucoup de courtoiſie. Puis apres comme il vit que ſa fille qui eſtoit Chreſtienne, ſe monſtroit vn peu froide à la confeſſion, il l'hexorta à ſe confeſſer, ne teſmoignant pas en cela, ſeulement au Pere la bonne volonté qu'il a de ſe baptiſer: mais en ſigne de cela il a planté vne croix deuant ſa maiſon, & demanda à ſon hoſte qu'il aſpergeaſt toute ſa demeure d'eau beniſte.

Pluſieurs autres Gentils de ces Iſles ouïrent le Catechiſme dont cent cinquante ambraſſerent la Foy de Ieſus-Chriſt. Les autres qui eſtoient en diſcorde ſe reconcilierent, on a remedié à d'autres ſemblables neceſſitez qui ſont ſi ordinaires au Iapon, que c'eſt perdre le temps de les reciter en particulier.

Au Seminaire de Nangaſachi, on
nourrit plus de cent eſtudians qui font
profeſſion des vertus, & des ſciences
dont ils donnent des eſpreuues chacun
ſelon ſon eſtat. Les Rhetoriciens ont
recité ceſte annee pluſieurs poëmes &
oraiſons, & en vne feſte qu'ils celebre-
rent deuant monſieur l'Eueſque, & les
principaux de Nangaſachi, ils tapiſſe-
rent leurs murs de diuerſes poëſies &
reciterent deux oraiſons, l'vne en Latin,
l'autre en Iaponois, auec vn poëme Latin qui contenta fort l'aſſiſtance, &
monſieur l'Eueſque donna à la fin des
prix aux Declamateurs, à chacun ſelon
ſon merite. Ceux qui ont acheué leurs
eſtudes de Theologie pour pouuoir ayder à Catechiſer & preſcher vtilement,
apprennent les moyens de refuter aiſément les fauſſetez des Sectes du Iapon,
dont les menſonges de peur qu'elles ne
ſoient recogneues, ſont enueloppees de
paroles ſi obſcures qu'il y a de la peine
de les entendre. Par ceſte difficulté pa-
liée de belles parolles, ces Sectes ont acquis enuers ce peuple aueuglé beaucoup
plus de credit qu'elles ne meritoient.
Nous auons iuſqu'à preſent fort trauail-

lé à les defuelopper à nos Iaponois, &
leur apprendre à les conuaincre, mais
auec la grace de Dieu cy apres il fera ai-
fé de defcouurir leur fauffeté. Par ce
qu'on à donné charge cefte annee à deux
de nos Theologiens qui fçauent parfai-
ctement la langue, de l'eftudier tout ex-
pres, auec deux autres freres Iaponois,
qui ont faict vne telle diligence qu'ils
ont aueré clairement tous leurs erreurs
& embaraffemens, & auec le fil de la verité, monftré la voye pour fortir d'vn fi
miferable labirinte, ce labeur foulagera
beaucoup leur conuerfion, & le fufdit
Seminaire fera fort profitable à ce Chriftianifme. Car on en tire les Muficiens
qui celébrent l'office diuin en Nangafachi, & ailleurs de là fortent ceux qui
Catechifent les Gentils, & qui aident à
leur conuerfion : de là ceux que la Maiefté Diuine appelle à la perfection, & à
l'excellence de la vie fpirituelle, font entrez en religion : bref on en tire & tirera
ceux qui par l'exemple de leur vie, &
par la parole Diuine, & adminiftration
des faincts Sacremens, doiuent vn iour
repaiftre le troupeau qui leur fera baillé
en charge. Le Seigneur Iean Acafcica-

mon a grandement edifié non seulement le Seminaire, mais aussi tout Nangasachi, par sa pieté & vertu, comme
nous dirons. Du Royaume de Cicugen
où (ayant perdu l'an passé son estat)
Cainocami luy a assigné du reuenu
pour nourrir trois cens personnes Chrestiennes qu'il auoit menees auec luy. Ce
Seigneur vint visiter monsieur l'Euesi-
que, au commencement du mois de
Iuin, & les autres Peres, en intention de
faire les exercices spirituels de la
Compagnie, & de laisser le monde. Ces
exercices estans finis auec beaucoup de
consolation & de profit, il demanda
tres instamment d'estre au moins receu
en nostre maison, si on ne le vouloit ad-
mettre en la Compagnie : neantmoins
luy estant remonstré que cela n'estoit
pas à propos, & combien il estoit neces-
saire à ses enfans (dont l'aisné n'eust sceu
auoir douze ans) que ce seroit pour la
plus grande gloire de Dieu, parce qu'il
pourroit plus seruir aux Chrestiens
estant seculier que Religieux, il s'en
contenta. Tout le temps qu'il demeura
icy qui fut enuiron vn mois, il passoit
le matin à ouyr toutes les Messes qu'on

difoit en noftre Eglife, l'apres-difnee il
fe trouuoit à la doctrine Chreftienne
qu'on enfeigne aux petits enfans, & y
prennoit fort grand plaifir. Dauantage
il alloit tous les iours vifiter l'Eglife de
la mifericorde, où il prioit Dieu pour
l'ame de fa femme qui y eft enterree. Au
foir il entroit en vne petite Chapelle
dediee à la tresfaincte mere de Dieu la
Vierge Marie, & y demeuroit quelques
heures en oraifon. Cependant qu'Acafcicamon paffoit ainfi louablement le
temps, comme il fut preft de s'en retourner, noftre Seigneur voulut faire
cognoiftre aux Chreftiens, combien il
eftoit detaché des chofes du monde, par
vne nouuelle qui vint que Cainocami
luy auoit ofté tout le reuenu qu'il luy
donnoit auparauant, par ce que Cin-
nangondono fon coufin & ennemy de
Daifufama, en la guerre fufdite fe trouua en vie, & que Daifufama euft trouué
mauuais qu'Acafcicamon fuft fi fplen-
didement entretenu de Cainocami en
fon eftat. Mais il receut cefte nouuelle
d'vn vifage auffi riant que s'il n'euft
point fenty cefte perte, & fift entendre
auec des paroles femblables à celles de

Iob

de Iob qu'il defiroit en ce monde, autre chofe que ce qui eft corruptible. Puis qu'il plaift ainfi à Dieu (dict il) fa diuine volonté foit faicte, en cefte façon eftant deliuré des brouilleries que les richeffes trainent apres elles, i'auray meilleure commodité de rechercher les trefors Eternels, penfant au falut de mon ame. Il s'en alla donc à Cicugen fort refigné és mains de Dieu, lequel (felon qu'il faict à ceux qui fe confient en luy) ne tarda gueres à le fecourir. Par ce qu'il toucha le cœur de Quambiciendono (qui gouuernoit le Royaume en l'abfence de Cainocami fon fils) l'efmouuant à compaffion d'Acafcicamon, de forte qu'il empefcha que la trop rude ordonnance de fon fils fuft executee, & laiffa courir fon affignation, comme auparauant, prennant fur foy d'appaifer Cainocami, feulement il le fift paffer fur l'Eftat de Sciemandono fon frere Inthime amy d'Acafcicamon où il vit à prefent fort content.

Ez refidences qui dependent du College de Nangafachi, il s'eft confeffé plus de neuf mille trois cens tant de perfonnes, & plus de dix-huict cens qui ont

C

Communié. Ie pourrois escrire plusieurs choses d'edification qui s'y sont
passees: mais ie me contenteray de deux
ou trois, desquelles on pourra faire
coniecture des autres. Ez terres de Fucafori, vn Tono Gentil, est deuenu nostre amy, autant que son pere estoit ennemy des Chrestiens, & de ceux de
Nangasachi, où il a donné la place pour
bastir l'Eglise & les maisons des nostres,
afin que les siens ayant la commodité
de se faire Chrestiens, & luy mesme les
persuade de receuoir le Baptesme. En vn
banquet qu'il fist à ses familiers, soubs
pretexte d'vne feste, il dist sur la fin tout
haut que ses subiects luy feroient grand
plaisir d'embrasser tous la Loy de Iesus-
Christ: il n'y vouloit contraindre personne, parce que les Peres n'admet-
toient au Baptesme, sinon ceux qui se
conuertissoient volontairement, c'est
pourquoy il laissoit en la liberté d'vn
chacun de se faire Chrestien : neanmoins il aidoit de bon cœur à la conuersion des siens : vn Pere de la Compagnie estant allé visiter ces Chrestiens,
il trouua la rue qui conduisoit à l'Eglise
torte & oblique, aussi tost le Tono la fist

dreſſer, & eſlargir plantant luy meſme
les piquets, & pour la rendre plus
agreable, il fiſt planter pluſieurs arbres
à la ligne des deux coſtez. Vne ieune
fille qui eſtoit baptiſee, deſiroit que ſon
Pere & ſa Mere fiſſent le ſemblable,
mais elle ne pouuoit voir l'heure qui
luy apportaſt ce contentement. Apres
auoir long temps penſé au moyen de
paruenir à ſon intention, elle s'auiſa que
l'affection diabolique qu'ils portoient
à vne Idole, & à certaines autres ſuper-
ſtitions Gentiles que les Bouzes leur
auoient baillees, eſtoit la cheſne qui les
tenoit liez à ce malheur, d'eſtimer la
tres-dure ſeruitude de Satan liberté, &
la mort Eternelle vne vraye vie. La fille
deſroba ſubtilement l'Idole, & la bruſla
auec tous les malefices des Bouzes, ce
qui oſta tous les empeſchemens, & en
fin les perſuada à ce qu'elle auoit tant
pourchaſſé, donnant par le moyen du
ſainct Bapteſme, la vie ſpiritueile à ceux
qui luy auoient donné la corporelle.

Vne autre Dame qui deſiroit ſe faire
Chreſtienne, ne pouuoit en auoir permiſſion de ſon mary qui eſtoit Gentil,
& comme le mary ſe monſtroit obſtiné

elle luy dit refoluement que s'il ne la
laiffoit baptifer elle fe fepareroit d'auec
luy. Cela le fift vn peu adoucir & donner le confentement qu'il auoit toufiours refufé. Cefte femme eftant Bapti-
fee auec quelques vns de fes enfans, elle
commença à preffer fon mary de fe faire Chreftien, & fift tant auec l'aide Diuin, qu'elle en vin à bout, auffi heureufe à procurer le falut de fon mary qu'elle auoit efté pour le fien propre.

De la maifon d'Omura, & de fes
refidences.

CEfte annee, il y a eu onze de la
Compagnie en la maifon d'Omu-
ra, ils ont ouy plus de vingt & deux mille confeffions, & enuiron deux mille
trois cens ont faict la faincte Communion. Ce nombre ne femblera point
petit au prix de l'autre, fi on confidere
que la Chreftienté eft encore nouuelle,
l'examen & confideration qu'on appor-
te en cela (comme nous auons dict cy
deffus) & ce qu'on doit le plus prifer
c'eft que generalement ceux qui reçoi-
uent au Iapon ce tres Diuin Sacrement,

viuent auec vne telle sincerité, qu'on ne
les trouue iamais en peché mortel. On
a Baptisé deux cens trente infidelles qui
sont venu de dehors demeurer sur cest
Estat, où tous les paysans sont vieils
Chrestiens. Les perils & afflictions que
les nostres & les Chrestiens y ont souf-
fertes ont esté touchees cy dessus, i'ad-
iousteray seulement que quand on ouyt
en Omura, les mauuaises nouuelles de
la mutation du Seigneur, chacun fist assez cognoistre, combien cela leur per-
çoit le cœur, les vns par leurs deuots pe-
lerinages, & diuersité de vœus, les autres
auec vne oraison continuelle, ieusnes &
disciplines taschoient d'appaiser la Iu-
stice Diuine, suppliant humblement sa
Clemence, de ne les abandonner, ny
consentir que ceste Eglise tombast és
mains de ses ennemis, puis qu'il l'auoit
racheptee du sang de son tres-cher fils.
Leurs prieres ne furent pas vaines, car
elles dissiperent en fumee (comme nous
auons dit) les efforts de Seimandono.

Lors qu'on leur enchargea de demolir leurs Eglises, ils demeurerent aussi
tristes & affligez, qu'on sçauroit dire,
comme on peut voir par vne lettre du

P. Vice-Prouincial qui tesmoigne assez
leur grande pieté & deuotion en ces
termes. Qui eust pensé qu'apres vn si
paisible & sainct Karesme , & auoir
planté en la nouuelle Eglise, auec tant
de solemnité l'Image de l'Imperatrice
des Anges, il la fallust pour la deuxiesme
fois renuerser par terre, ensemble les autres Eglises qui estoient à peine ache-
uees? sans doute il n'y a rien qui appro-
che de ceste douleur. Mais comme nostre Seigneur tire le bien du mal, il a ex-
primé plusieurs actes de vertu de ceste
tribulation, d'autant que l'affluence des
Chrestiens qui viennent aux Eglises
pour recommander à nostre Seigneur
ceste necessité presente, est telle qu'il
semble que c'est la sepmaine saincte
s'offrans à toute sorte de seruice pour
le bien des Eglises, & se preparans aux
trauaux, que nous attendons par la venue des ministres infernaux. Les larmes qu'ils respandent, monstrent assez
la douleur qu'ils sentent, & quoy que ie
tasche de les consoler, & animer auec vn
visage riant , neanmoins par fois les
yeux pressez de douleur, tesmoignent
par les larmes, ce qu'ils couuent dans

le cœur.

Mais il pleut au Pere des misericordes , de recompenser (comme nous auons dit) ceste affliction auec la ioye extraordinaire, que les Chrestiens receurent des bonnes nouuelles qui vindrent apres. Le dommage des quatre Eglises defaictes , se repare auec tant de ferueur, qu'à peine nous sçauions qu'on eust mis la main à l'œuure, qu'on nous r'apporta qu'il y auoit desia vne Eglise rebastie.

I'obmets le nombre des confessions generales faictes ez susdictes residences, les reconciliations des maris, qui s'estoient separez d'auec leurs femmes, les remedes apportez à beaucoup d'inconueniens, bref les graces qu'on a faictes à d'aucuns de la vie (pour des crimes legers neanmoins tenus icy pour Capitaux) par l'intercession des nostres. Ie clorray le discours d'Omura par deux ou trois choses d'edification qui s'y sont passees. Il y auoit vne vieille Dame Gentile qui viuoit parmy les Gentils, laquelle oyant vne fois dire que la Foy de Iesus Christ, estoit celle qui donnoit le vray salut, se resolut comme cest accort marchand de l'Euangile, de vendre tout, & laisser tout ce qu'elle auoit pour achepter, en se faisant baptiser, ceste perle precieuse, & quoy que les Bouzes luy promissent qu'elle seroit sauuee en disant seulement ces deux mots Namu Amidabut qui est appellé Amida en son aide, il ne fut possible de l'appaiser, tant qu'elle s'en vint sur l'Estat d'Omura (où elle n'auoit parent, ny cognoissance où elle se peust retirer) & apres auoir entendu le Catechisme fut baptisee, elle tomba malade trois ou quatre iours apres & s'enuola incontinent au Ciel, comme nous croyons pieusement.

Deux Gentils hommes vinrent se confesser, & Communier, leurs seruiteurs voulurent faire le mesme, mais le Pere les interrogea premierement de certaines choses qu'il pensoit qu'eux qui estoient nourris au milieu des Gentils & dissoluement, pourroient ignorer, à quoy ils respondirent si pertinemment, qu'il les confessa auec beaucoup de satisfaction, & eux se retirerent en leurs maisons pour faire la discipline: comme ils souloient, & pour cest effect

en portoient touſiours auec eux. Ce
que les autres Chreſtiens ayans ſceu,
demeurerent fort edifiez de la ferueur
auec laquelle ils ſe comportoient entre
les infidelles.

Vn Chreſtien auoit vn ſien fils ſi malade qu'il auoit perdu la parole & le
manger, les Gentils (parmy leſquels il
viuoit) luy conſeilloient de faire venir
les Bouzes, qui le guariroient infallible-
ment par leurs oraiſons : mais il ſe
mocqua de ce Conſeil, & des enchantemens des Bouzes, & quoy qu'il le re-
priſſent aigrement, l'appellans cruel
ennemy de ſa race, plus fier qu'vne beſte
ſauuage, il ne tenoit comte de leurs in-
iures, mettant ſon eſperance en la mere
de miſericorde, vray refuge des affligez,
deuant l'image de laquelle il porta ſon
malade, la ſuppliant de le regarder de
ſes yeux de pitié, & au bout de la ſep-
maine qu'il auoit continué ceſte deuotion, il r'amena ſon fils ſain & guary en
ſa maiſon.

Des maiſons & reſidences d'Arima.

EN la maiſon d'Arima il y a eu quinze des noſtres ceſte annee & en
cinq reſidences qui en dependent onze,

les confessions d'vn an, ou de plus ont
passé dixneuf mille cinq cens, plus de
trois mille personnes ont Communié,
sans comter ceux qui se confessent, &
Communient souuent: trois cens Gentils venus d'autres pays, ont receu le
Baptesme. A cause de la guerre, quatorze Dogichi qui sont peintres, vindrent
en Arima, ils viuent en vne maison es-
cartee, comme en vn Seminaire, desquels deux des nostres ont la charge,
dont l'vn est venu de Rome, depuis
quelques annees, & est maintenant pre-
stre, il a faict de si bons Escoliers en la
peinture que les Eglises du Iapon sont
maintenant ornees de beaux tableaux
de leur façon, qu'on peut bien egaller à
ceux de l'Europe. Auec ces pourtraicts,
& vne quantité de tailles douces qu'on
a donnees à plusieurs Chrestiens, la pieté & deuotion s'est grandement accreuë
en ce Royaume. Par l'industrie de ce
mesme Pere, on a faict plusieurs orgues
& instrumens de musique, pour les
principales Eglises, & plusieurs Horlo-
ges auec leurs rouës, pour l'vsage des
nostres, à quoy les Iaponois prennent
grand plaisir, & Daifusama mesme les

voit par recreation.

L'Eglise qui estoit commencee en Arima, au iugement de plusieurs s'est trouuee plus belle que celle de Nanga-sachi, & il est sans doute, que la riche image de la tres-saincte mere de Dieu auec son Fils entre ses bras, qui a esté apportee de Portugal, & donnee à Dom-Protais par monsieur l'Euesque, pour mettre en ceste Eglise, la rend au moins plus excellente. Arimandono a desia conuié monsieur l'Euesque d'y dire la premiere Messe Pontificale-ment, apres qu'il aura dict la premiere en celle de Nangasachi, le iour des onze mille Vierges.

Outre les Eglises qui furent parache-uees l'an passé en l'Estat d'Arima, on y en a faict ceste annee dix-huict nouuel-les toutes beaucoup meilleures que cel-les que Scimandono nous brusla du temps de Taicosama, d'où l'on peut coniecturer que pouuoit estre leur re-gret, quand on leur manda qu'il falloit abbatre les Eglises. Outre ce que nous en auons desia dit, ie diray seulement vne chose digne d'estre sceuë.

Dame Iuste, femme de Dom-Protais

fort vertueuse (encore qu'il n'y ait que
deux ans qu'elle est Baptisee) estoit tellement affligee, qu'il fallust ruiner les
Eglises, que se voyant forclose de tout
secours humain, elle eut recours au Diuin, & ordonna d'elle mesme que ses
Damoiselles fissent en sa maison les
prieres des quarante heures, commen-
ceant, la premiere pour donner courage aux autres, demandant tres-instam-
ment à nostre Seigneur, qu'il luy pleust
remedier à vn si grand mal. Tandis
qu'elle pressoit la Diuine Maiesté, en la
ferueur de son oraison, de ne permettre
point que ses parens infideles luy peussent reprocher cela en face, comme en
punition de ce qu'elle s'estoit faict baptiser elle s'endormit d'ennuy & de las-
situde, iusqu'à ce qu'elle fut resueillee
de la bonne nouuelle, comme l'on dit,
laquelle luy ayant esté asseuree par ses
domestiques elle remercia d'autant plus
affectueusement nostre Seigneur, qu'elle luy auoit ardemment requis ceste faueur.

Aucuns Chrestiens Iaponois peu
craignans Dieu, s'accompagnerent ceste annee de certains voleurs de la

Chine, & allerent escumer la coste de
la Chine, où ils prirent des Vaisseaux,
mais retournans au Iapon, auec leur
butin ils furent pris des gens de Canguidono, comme trans-gresseurs de la
Loy de Daifusama, contre les Pirates,
& amenez au port de Cocinocu, qui est
d'Arimandono, grand amy de Canguidono, on enuoya par escrit à Meaco les
noms des Corsaires, Daifusama commanda qu'on mit en liberté les Chinois
qui auoient esté volez, & que les Pirates
fussent faict mourir chacun en vne
croix, commettant pour l'execution de
sa sentence, Canguidono & Dom-Protais, lequel donna aduis aux nostres
qu'ils allassent confesser les Chrestiens,
& Catechiser les Gentils condamnez,
qui se voudroient conuertir, & fist que
les ministres de Canguidono, qui les
vouloient vistement depescher donnas-
sent loisir aux nostres de les prescher.
Ils confesserent tous les Chrestiens, &
Baptiserent neuf Chinois, les Ministres
eurent si grand haste, qu'on ne peut parler aux autres. De façon qu'on en mist
tout d'vn coup plus de cent en Croix,
desquels cinquante qui estoient Chre-

stiens se preparerent si bien pour ce dernier pas qu'ils moururent, auec le tressainct nom de Iesus en la bouche, au grand contentement de tous les Chrestiens qui se trouuerent à ceste execution, lesquels recommanderent leurs ames à nostre Seigneur. Trente-huict autres Iaponois qui sont prisonniers en Arima pour le mesme crime, se sont mis en bon Estat par plusieurs fois, & quelques Gentils se sont faits Baptiser attendans tous les iours le mesme supplice. Entre ceux qui moururent. Il y eut ie ne sçay combien de Chinois, ausquels quand on leur demanda qu'ils estoient, pensans qu'ils se sauueroient en disant qu'ils estoient consacrez, & que ceux qui auoient esté pillez seroient retenus esclaues : ce mensonge leur cousta la vie, & combien que lorsqu'ils virent contre leur esperance les captifs deliurez, ils se voulurent dedire & recognoistre la verité ce fut en vain: car on ne les voulut pas croire.

On a deliuré des Innocens, & d'autres condamnez pour choses legeres, on en a accordé plusieurs, & de nouueau instruict és misteres de la Foy ceux

qui en auoient grand befoin, bref on a
pourueu à beaucoup de neceffitez de
l'ame & du corps, dont nous ne faifons
mention comme de chofes ordinaires.

On a faiĉt de nouueau en Arima vne
efcole où lon apprend à lire & efcrire
aux petits enfans Iaponois, ce que
Dom-Protais auoit fort defiré encore
qu'il n'euft peu eftre faiĉt, à l'occafion
de la perfecution, & les Chreftiens en
ayant maintenant faiĉt inftance à nos
Peres, il a femblé raifonnable, que l'E-
glife fourniſt des maiſtres pour ceft œuure de charité, veu que lefdits enfans
pour eſtre baptifez ont abandonné les
Bouzes qui les enfeignoient auapara-
uant, ceft pourquoy on eſt refolu d'introduire ceſte efcole en toutes nos maifons principales.

Semblablement on a adioufté à noſtre maifon d'Arima les refidences des
Iſles d'Amacuſa qui font diuifees de
l'Eſtat de Dom-Protais d'vn petit bras
de mer, elles eſtoient cy-deuant foubs
la maifon de Scico, qui a eſté ruinee
par les guerres: les Chreftiens de ces
Iſles ont eſté grandement refiouïs du
retour des noftres en leur pays, qui s'eſt

faict par permiſſion de Scimandono, encore que nous ne les auions iamais tout à faict abandonnez, le iour que les noſtres arriuerent en vn certain lieu, ils intercederent pour trois Chreſtiens qui auoient eſté condamnez à mort (pour auoir coupé du bois dans vne foreſt contre les deffenſes du Seigneur) leſquels on leur donna incontinent. Maintenant les noſtres courent toutes ces Iſles, conſolant & encourageant les Chreſtiens, le nombre des confeſſions eſt ſi grand qu'ils n'y ſçauroient ſuffire.

Des maiſons d'Ozaca & de Meaco.

EN ces deux reſidences outre les Dogichi qui y ſont, il y a 24. de la Compagnie, à ſçauoir ſix preſtres, & huict freres deſquels encore que par les trauerſes ſuruenues en ces quartiers, & pour le peu d'affection qu'a teſmoigné Daifuſama enuers nous, on n'en d'euſt pas eſperer vn grand fruict, neanmoins par ce que rien de tout cela, n'a peu empeſcher là vertu, & efficace de la parole de Dieu, la moiſſon de ceſte annee a eſté plus riche que celle des annees prece-

dentes : car il s'y eſt bien conuerty mille
perſonnes & d'aucuns de ſi grande qualité qu'on ſe peut promettre la conuerſion de pluſieurs autres par leur moyen.
Pour le monſtrer, ie dis que Meaco, &
Ozaca, ſont les deux principales villes
du Iapon, où reſide la Cour du Seigneur de là Tenza, & les autres Seigneurs y ont leurs Palais. Cela eſt cauſe
que le grand abord des Bouzes qui y
viennent, faiɗ florir leur paganiſme,
ſpecialement entre les marchands &
Bourgeois, qui font le corps du peuple,
de façon qu'eſtans attachés aux Bouzes,
ilz ſont ordinairement fort contraires
au ſainɗ Euangile, & de tant plus mal-
aiſés à ſe conuertir, les noſtres ont trouué plus d'accez parmy les courtiſans
& gens de guerre, qu'auec la populace.
Toutefois depuis n'agueres ces bourgeois ſe ſont vn peu appriuoiſez, &
commencent à ouurir les aureilles à la
verité : enuiron cinquante perſonnes
tant nobles que roturiers, ont ambraſ-
ſé la Foy Chreſtienne en Ozaca, Dame
Marie Quiogoça Chreſtienne, dés le
temps de Nobunanga, femme du Seigneur du Royaume de Vomi a beau-

coup aydé à leur conuersion , parce
qu'elle a deux fils (à l'vn defquels Daifufama a donné le Royaume de Tango,
& vn autre Royaume au fecond) & de-
firant que celuy qui eſtoit Gentil fuſt
Chreſtien , ceſte annee apres auoir faict
baptiſer vne ſienne fille , qui eſt mariee
à vn Seigneur Gentil , & reduit ſon autre fils (qui ne viuoient pas ſi Chre-
ſtiennement qu'il deuoit) à vne meilleure vie , elle taſcha de conuertir premierement ſa Brus , la femme de ſon
fils qui eſt infidelle, & tante de Findeo-
cizama du coſté de ſa mere, afin qu'elle
aidaſt puis apres à gaigner ſon mary.
Ceſte Marie fiſt tant qu'elle ſe conde-
ſcendit d'entendre le Catechiſme , & il
pleut à la bonté Diuine de l'illuminer
& faire qu'elle fut baptiſee en Ozaca,
celle là auec deux autres Dames ſes
gouuernantes preſcherent ſi bien le
mary qu'il s'accorda d'eſtre Catechiſé
& depuis fut baptiſé en Meaco auec aucuns de ſes courtiſans. Il eſt vray qu'on
tient ceſte conuerſion ſecrette de peur
que cela venant, aux aureilles de Daifuſama il ne le trouue pas bon, par ce qu'il
a dit (meſme depuis qu'il a donné la li-

cence, dont nous auons parlé cy-deſſus
à Arimandono & Omurandono) que
ſe fiſt Chreſtien qui voudroit, pourueu
que ce ne ſoient point grands Seigneurs auſquels il n'en donnoit pas
permiſſion, par ce que deſpuis qu'ils
ſont baptiſez, ils ne tiennent comte des
Camis & des Fotoques, & ne pouuoient eſtre liez par le ſerment que tous
les Seigneurs font au Seigneur de là
Tenze.

De ceſte conuerſion, doncques nous
deuons eſperer vn grand ſeruice à noſtre Seigneur, & la bonne & feruente
Marie eſt maintenant occupée à conuertir vn'autre ſienne fille à Ieſus-
Chriſt, laquelle ſe trouuant malade à
Meaco, eut font recours aux Bouzes
afin qu'ils coniuraſſent Camis pour ſa
ſanté, ce moyen eſtant demeuré ſans effect, ſa mere ſe ſeruit de ceſte occaſion
pour luy remonſtrer qu'il ne faut rien
eſperer des Fotoques, ains de Dieu
Createur de l'vniuers, & autheur du
ſalut des hommes, & de tout le bien
qui eſt en ceſte vie, & en l'autre. Partant
que c'eſtoit à ce Seigneur qui eſt tres-
benin & deſireux, de nous ſecourir en

tout ce qui eſt du ſoulagement de noſtre ame, qu'il y falloit auoir recours, &
non pas à Camis, ces parolles l'eſmeu-
rent tellement qu'elle ſupplia ſa mere
d'enuoyer dire aux Peres qu'ils priaſſent
pour elle, & accompagna ceſte volonté
d'vne bonne aumoſne, qu'elle enuoya à
la Compagnie de la miſericorde, & autres pauures, de ſorte qu'elle ſe porte
mieux, & a promis d'ouir à loiſir le Catechiſme, ſi toſt qu'elle ſera guerie, nous
eſperons que Dieu luy fera la grace
d'embraſſer ſa ſaincte Loy, comme l'en
prions.

Nous n'auons pas moins profité du
credit que noſtre Foy Catholique a acquis enuers la Nobleſſe, & Seigneurs
de la Cour de Daifuſama, leſquels à
cauſe qu'ils ſont des Royaumes de
Quanto, n'en auoient aucune cognoiſſance, ny n'en faiſoient cas: mais la fleur
de la Nobleſſe de ces Royaumes eſtant
à preſent venue à Ozaca, a bien changé
d'opinion comme l'on peut iuger par
vn article de la lettre eſcritte par noſtre
Superieur, de la maiſon d'Ozaca, le 29.
Aouſt. Le plus grand fruict (dit-il) que
nous ayons faict ceſte annee, a eſté des

predications du Catechifme faictes à
toute forte de Gentils,parce que depuis
que Daifufama a pris poffeffion de cefte
fortereffe, la plus grande partie de fes
gens,eft venue vifiter noftre maifon. Ils
mefprifoient du commencement noftre fainct Euangile : comme chofe qui
leur eftoit incogneuë,mais venans à dif-
puter auec les noftres, ils demeuroient
tellement conuaincus, qu'ils ne pouuoient moins faire que de nous louer.
Il y auoit entre ceux là vn Caualier, qui
a la fortereffe de Camaiama, & eft l'vn
des plus verfez en la Secte de Genfcius,
de tous ceux de Quanto. Il entretient
deux Bouzes aupres de luy qui excellent en cefte Secte. Ceftuy-cy donc eft
venu auec dix ou douze autres Seigneurs dont le moindre a plus de foixante mille facs de ris de reuenu, &
voyant en l'Eglife l'image de noftre
Sauueur auec vn globe en fa main, il
voulut prouuer que le monde n'eftoit
pas Spherique ains Quadrangulaire,
comme tient fa fecte, mais luy eftant
rendu la raifon, qui refute cefte opinion,il demeura conuaincu, & entra en
la queftion du commencement du

monde, & qui l'auoit creé, & quoy qu'il fist contenance de ne tenir comte de ce qu'on luy en dist, neanmoins sur la fin du discours il voulut prouuer que sa doctrine estoit au moins conforme à la nostre, iusqu'à ce qu'on luy fit voir la grande difference qu'il y a entre les deux. Lors ne pouuant plus contredire, il commença à louer nostre Loy, & se retira en diligence promettant de retourner auec plus de commodité pour ouyr le Catechisme, & que si on luy pouuoit respondre à toutes ses obiections qu'il se feroit Chrestien. Ses compagnons qui l'auoient mené comme leur Achilles, n'oserent ouurir la bouche, voyant tout leur appuy renuersé.

Il est encore venu vn autre Seigneur nommé Gionouoribo grand amy de Daifusama, bien suiuy auec vn Bouze tout confit és sectes du Iapon, apres que ce Gionouoribo eut vn peu disputé, il dist louant la Foy de Iesus-Christ, qu'il croyoit asseurément qu'auparauant qu'il fust cinquante ans, la plus grande partie du Iapon seroit Chrestienne. Ce que l'on peut en verité coniecturer de ce qui se passe maintenant, car la doctrine de leurs sectes perd tous les iours son credit non seulement par la descouuerture de leurs faussetez, mauuaise vie & abominables coustumes des Bouzes, mais aussi par l'esclat de la verité du sainct Euangile que ceste nation commence à descouurir & recognoistre, & par la sincerité, & saincteté dont elle est composee. De là vient qu'encore que plusieurs ne se facent pas Chrestiens, pour la defiance qu'ils ont de pouuoir obseruer vne Loy si estroicte, estans nourris en vne vie trop libertine, tous neanmoins conuiennent à en dire du bien, & souuent la defendent, & disputent contre les Bouzes & les Gentils, comme s'ils estoient Chrestiens, nous esperons qu'ils tourneront tant autour de l'apast, qu'en fin ils se trouueront pris à l'hameçon, ce qui est arriué à vn ieune Seigneur de ceux qui ont esté baptisez, lequel apres auoir disputé & proposé plusieurs doutes, se rendit finallement à la verité, en laquelle il est demeuré si ferme, que de dire, qu'encore que Daifusama le licentiast de son seruice, voire luy voulust faire perdre la vie pour eftre Chreftien, que tout cela ne le fçauroit empefcher de receuoir le fainct baptefme. Et depuis qu'il a efté baptifé, il a dict fouuent que s'il eftoit befoin de refpandre fon fang pour la conuerfion de Daifufama, & des autres Seigneurs, il le feroit tres-volontiers. Il perfeuere toufiours en cefte ferueur & perfuade les autres courtifans, qui entendent le Catechifme. Voila ce qu'en dit cefte lettre.

Deux chofes nous ont encore beaucoup aidé, à l'augmentation du credit de noftre faincte Foy, & à toucher les cœurs des marchans. L'vne qu'on a tranfporté l'Eglife d'vn lieu loingtain & incommode, en vn autre plus proche, & à main, de maniere que tout le peuple conuié par cefte facilité, s'y range plus aifément. L'autre que Giecindono Nangaioca, Seigneur du Royaume de Bugen, & d'vne partie de celuy de Bungo, a defiré de faire les obfeques folemnelles de Madame Gartia fa femme, qui deceda l'an paffé, tant pour l'amour qu'il luy portoit, qu'auffi pour fon honneur : d'autant que c'eft vne couftume au Iapon, mefme entre les Gentils de

faire

faire les funerailles des morts, & fça-
chant que celles des Bouzes ne profite-
roient aucunement à fa femme Gartia
qui eftoit Chreftienne, il pria les noftres
de faire fes obfeques en Ozacá, aufquel-
les il vouloit affifter en perfonne. Et
d'autant que nous auons priuilege du
fainct Siege Apoftolique de pouuoir
dire Meffe, & tout le feruice Diuin en
la prefence des infideles, quand la neceffité le requiert, & qu'il y a danger
d'vn plus grand fcandale (comme en ce
cas, fi on euft defnié à vn tel Seigneur,
vne œuure fi pieufe & Chreftienne,
dont les Chreftiens mefmes euffent eu
fubiect de fe fcandalifer, outre le dommage qu'ils en euffent peu receuoir, là
où au contraire, en luy accordant cela
il en pouuoit reüffir vn grand honneur,
& profit au Chriftianifme) le P. Organtin fe refolut de faire ce bon œuure auec
la plus grande folemnité qu'on pourroit. Pour ceft effect il fift venir des
lieux circonuoifins, tous les Peres, les
freres, & nourriffons qui y eftoient,
l'Eglife fut bien paree, & au milieu on
dreffa vne Chappelle ardante fort
agreable, par la difpofition des lumi-

D

naires. Premierement on chanta les
matines des trespassez selon l'vsage de
l'Eglise, apres on celebra la Messe en
presence de Nangaioca, & de la plus
part de sa Noblesse, qui se montoit à
plus de mille Gentils, la presse y fut telle que s'il n'y eust luy mesme remedié
posant des gardes aux coins des rues, il y
fust arriué du desordre. Vn de nos freres
Iaponois, qui est fort rompu és sectes
des Gentils, fist la harangue funebre, &
print pour theme, *Beati mortui qui in Do-*
mino moriuntur, traittant de l'immorta-
lité de l'ame, de la vie Eternelle, de
l'Enfer, & la difference qu'il y auoit touchant ces points là, entre la doctrine
Catholique, & les mensonges des Bouzes, il finit son discours par le recit
des vertus, & de l'heureuse mort de
Madame Gartia, si patetiquement que
Nangaioca & les siens ne sceurent rete-
nir leurs larmes.

La Maiesté & grauité du seruice Diuin, leur fut si agreable qu'ils ne se pouuoient lasser de le louer, & du depuis
Nangaioca a dit plusieurs fois en public
que les funerailles des Gentils ne sont
rien au prix des nostres; & qu'il n'auoit

veu en sa vie, ny ne pensoit iamais voir
ny s'imaginer vne chose plus saincte &
deuotieuse: tous ceux qui y ont assisté
en disent de mesme, & lors qu'ils sceurent que le P. Organtin auoit distribué
les deux cens escus que Nangaioca a-
uoit enuoyez pour aider à faire les frais
des obseques, ils en demeurerent tous
fort edifiez, disans que leurs Bouzes
n'eussent eu garde d'en faire de mesme
& qu'ils ne sont pas si charitables enuers les pauures, & qu'on voyoit bien
ceux qui cherchoient leur profit. Cela
a tellement satisfaict Nangaioca, & les
siens, & rendu affectionné enuers les
Chrestiens (comme il le monstra par
effect, retournant au Royaume de Bugen) qu'il donna licence aux siens en
Ozaca de se faire baptiser & voulut disner auec nous en nostre maison le iour
de ces obseques, procedant aussi familierement auec nous, comme s'il eust
esté Chrestien.

Certaines grandes Dames espoin-
çonnees des vertus des Gartia, dont elles entendirēt faire recit en ses funerailles, sont resoluës de se faire Catechiser.
Dieu les veuille si bien illuminer, que

cognoissans la faussseté des Idoles, & la
verité de la Loy de Iesus Christ, elles
quittent l'vne pour ambrasser l'autre.
Sous ce pretexte le P. Organtin fist
estat de solemniser le bout de l'an d'Augustin, car encore que l'an passé toute la
Compagnie n'y auoit pas manqué de
rendre ce qu'elle deuoit à la memoire
d'vn si vertueux Seigneur, neanmoins
à cause qu'il estoit mort par le commandement de Daifusama, on n'auoit
olé faire les funerailles, comme on eust
bien desiré. Donc auec la mesme solemnité en la presence de Dame Iuste, veuf-
ue dudit Augustin, de son frere, & autres
siens parens Chrestiens, on celebra ledit
office, où l'on renouuella les larmes du
iour precedent. Le monde est venu
quelques iours durant, pour voir l'ornement de l'Eglise, & la Chappelle ardante, de maniere que les nostres ne les
en pouuoient empescher. Il s'est couer-
ty en ceste ville quelques Gentils-hommes, lesquels pour s'estre faicts baptiser
contre la volonté de leurs patens ont
esté chassez hors de leur maison, de sorte que pour leur constance en la Foy, ils
souffrent vn rude bannissement. Trois

grandes Dames qui se sont aussi faictes
Chrestiennes sans le sceu de leurs maris, qui sont Gentils, ont receu beaucoup de mauuais traictemens de leurs
beaux peres, & de leurs maris, à cause
qu'elles n'ont pas voulu renier nostre
Seigneur Iesus-Christ, iusques là qu'ils
les menacent de les repudier : mais elles
se sont gouuernées auec tant de pru-
dence & perseuerance, qu'en fin leurs
maris ont esté contraints au commencement de dissimuler, & du depuis leur
ont donné permission de faire profes-
sion de la religion Chrestienne.

Au Royaume de Bugen Quingo-
dono qui en est Seigneur, fut si malade
qu'on le tenoit pour auoir perdu le
sens, ou estre inspirité. Il eut recours
aux Bouzes, & à vne vieille sorciere
pour luy faire certains enchantemens.
Ceste racaille estant venue. Ils mirent
sur le feu vne grande poisle de fer pleine
d'eau pour la faire bouillir, laquelle se
brisa en pieces, comme si elle eust esté
de verre, ce qui fut interpreté à mauuais augure. Quingodono en demanda
la cause aux Bouzes, ces sorciers luy respondirent, qu'il estoit ainsi malade, à

D iij

cause qu'il tenoit des Chrestiens en son Estat. Cela fut occasion, ioinct que Daifusama publia au mesme temps qu'il ne vouloit point souffrir la Loy Euangelique au Iapon, que les gouuerneurs de Quingodono, desireux de destourner le chastiment, dont ils estoient menacez, commanderent à des principaux Chrestiens de la part de leur Seigneur qu'ils vinssent adorer les Camis & Fotoques. Mais ils leur respondirent comme il falloit, qu'ils s'empescheroient bien de faire vne si lourde faute, & particulierement le Seigneur Iean Amacusandono (lequel banny d'Amacusa, estoit venu seruir Quingodono, duquel il tiroit appoinctement de quatre mille sacs de ris) leur dit qu'estant Chrestien luy & ses predecesseurs, il ne pouuoit croire qu'à ceste heure Quingodono luy fist vn tel commandement, & partant qu'il tenoit cela pour vne pure inuention de ses Gouuerneurs. Toutefois que si Quingodono l'ordonnoit, il vouloit bien luy faire sçauoir, qu'il estoit prest de laisser son appoinctement & la vie plustost, que la Foy de Iesus-Christ, & qu'ils le pouuoient

bien dire clairement à Quingodono de
sa part sinon qu'il le diroit à luy mesme.
Les Gouuerneurs voyans vne si ferme
& inexpugnable resolution, furent con-
trainéts de dissimuler, & se desister de
leur poursuite impie, mesmement par
ce qu'ils sceurent que Daifusama auoit
luy mesme changé d'aduis touchant
nos affaires.

Ie pourrois adiouster vn cas sem-
blable d'vn autre Seigneur Gentil, lequel incité par vn fauory, manda à vn
Gentil-homme Chrestien qu'il reniast
son baptesme, lequel luy fist response
d'vn courage inuincible, qu'à Dieu ne
pleust, qu'il fust dit de luy, que la crainte
luy eust faiét perdre le chemin du Ciel,
qu'il auoit commencé depuis n'agueres
à suiure auec vn grand contentement,
& que peu de temps apres ce maudit
instigateur, perdit la grace de son Seigneur, & la vie par son commandement, sans aucir loisir de se faire Catechiser, & baptiser, comme il tesmoigna
de le desirer. Semblablement ie pourrois racomter d'vne grande Dame de
la secte de Fochescut, laquelle s'estant
efforcee en vain d'empescher qu'vn sien

fils fuſt Catechiſé, & depuis ayant ſceu
qu'il ſe vouloit faire baptiſer, ſans con-
ſideration ny reſpect de ſa qualité, toute
tranſportee, l'alla trouuer en la maiſon
d'vn Gentil-homme ſien parent, & ſans
luy dire vn mot le print furieuſement
par le bras & le ramena en ſon logis, depuis ſa cholere eſtant paſſee, elle eut remords de ſa faute, & deſira d'appaiſer
ſon fils qui ſe diſoit eſtre deſia Chreſtien & ſe plaignoit d'elle, luy donnant
congé de viure en Chreſtien, & luy pro-
mit d'auantage qu'elle ſe feroit Catechiſer.

Ie lairray le diſcours de tout ce qui
s'eſt paſſé en Ozaca pour venir à Meaco. Ceſte ville eſt ſi grande qu'elle eſt
diuiſee en deux parties principales, l'v-
ne appellee la haute, l'autre la baſſe
Meaco. Il y a touſiours eu beaucoup de
difficulté en l'vne & en l'autre, à conuertir le populaire & les marchans
pour les raiſons deſia dictes, mais ſur
tout en la haute ville où le peuple eſt
plus obſtiné, & eſloigné de noſtre con-
uerſation, parce que nous auons demeuré l'eſpace de quarante ans en la
baſſe Ville. Nonobſtant cela, l'an paſſé

le nombre des Chrestiens s'augmen-
tant par la multitude de ceux qui receuoient nouuellement le baptesme, lesquels ne pouuoient venir à nostre Eglise qui estoit trop loin d'eux, on y a faict
maintenant vne autre residence, où il y
a deux des nostres. De sorte que ceste
annee, on y a baptisé enuiron trois cens
personnes, comtant ceux qui se sont
conuertis en la basse ville. Entre lesquels s'est trouué vn des principaux
courtisans de Taicosama, de la conuersion duquel on fait beaucoup d'e-
stat. Comme aussi d'vn excellent Orfe-
ure qui est bien versé és sectes du Iapon,
plusieurs Gentils se sont fort esmerueil-
lez de le voir Chrestien, par ce qu'ils le
reputoient vn Oracle és folies de Camis. Et d'autant qu'il a beaucoup de
parens & de disciples en son art, nous
esperons qu'il ne sera pas moins Ioail-
lier de Iesus-Christ qu'il la esté du monde, nostre Seigneur se seruant de son
moyen pour tirer des minieres de ce
Iapon, diuerses pierres precieuses, dont
il enrichira la celeste Ierusalem.

Vn autre Chrestien (excellent mai-
stre pour cognoistre & apprecier les es-

pres, & partant fort renommé entre les Seigneurs Iaponois) desiroit que sa femme, qui auoit intention de se faire Chrestienne, executast bien-tost son desir. Mais parce que son beau pere (ennemy capital du sainct Euangile, & qui auoit esté l'vn des mignons de Taicosama & en grand credit) ne le vouloit pas consentir, si tost que Taicosama fut mort, le gendre se resolut de renuoyer sa femme en la maison de son Pere, pour autant qu'il l'empeschoit de se faire Chrestienne. Le beau pere prenant cela à iniure, apres s'en estre plaint, & auoir faict le possible, à ce que son gendre reprint sa femme & la laissast viure en la Gentilité, iusqu'à le mettre en procez & l'accuser d'estre Chrestien, au bout de deux ans, il a en fin accordé à sa fille ce qu'elle desiroit, & si tost qu'elle eut esté baptisee, il la luy ramena en sa maison, au grand contentement de tous les Chrestiens.

Il y auoit aussi vn grand homme de bien qui vouloit faire baptiser sa femme, laquelle il auoit suffisamment instruicte és misteres de nostre saincte Foy : mais le Pere & la mere d'elle qui

estoient Gentils ne luy vouloient pas
permettre, de sorte qu'il ne la pouuoit
mener à l'Eglise pour la faire baptiser.
Elle deuint si malade qu'elle eut peur
de mourir sans baptesme, d'autant que
son pere & sa mere ne la perdoient
point de veuë, de peur qu'elle n'accom-
plist son desir. Le mary n'y trouuant
point d'autre remede la baptisa luy
mesme vne nuict, ce qu'il ne peut neanmoins faire si secretement que les Gentils ne le sceussent, lesquels ne l'ayans
peu vaincre en ce qui s'estoit passé, la
vouloient au moins gaigner à ce qu'elle
se seruist des Bouzes à mourir, & qu'a-
pres ils l'enterrassent à leur mode. Les
Bouzes estoient desia à la porte, & les
parens les vouloient faire entrer à toute force en la maison de leur gendre, lequel auec l'aide d'aucuns Chrestiens, les
repoussa vigoureusement: ceste noise en
eust attiré vne plus lourde apres soy, si
le peuple n'eust faict le hola, & si le
Lieutenant du Gouuerneur qui estoit
Chrestien n'y eust interposé son autho-
rité donnant le tort aux Gentils. Dont
la malade fut tellement consolee qu'elle commencea dés lors à se mieux por-

ter, & dit on qu'elle est desia hors de
danger.

Il y a eu grande affluence aux predications ordinaires, specialement ez Ven-
dredis du Karefme, efquels les affistans
ont faict la difcipline en l'Eglife. Et
quelques Gentils qui y venoient degui-
fez pour efpier ce qu'on y faifoit, ont
esté tellement touchez, qu'ils ont ouy
le Catechifme, & receu le baptefme.
Les exercices fpirituels ont auffi appor-
té vn grand fruict aux Gentils-hommes. Les vns ont faict des confeffions
generales, auec vn grand amendement
de vie, les autres fe font retirez pour faire penitence de leurs fautes.

Le Giacata de Bungo Fils du Roy
François d'heureufe memoire perfeuere toufiours en fes bons defirs, eftant
preft de fortir du Royaume de Vomi,
(où il a demeuré iufqu'à prefent) pour
aller en celuy de Dena, qui eft tout au
bout du Iapon, tirant vers l'Orient,
qu'on luy a baillé pour exil, fift venir vn
Pere pour fe confeffer, deux de fes feruiteurs fe confefferent auffi, & cinq fe
firent baptifer, car il ne veut que des
Chreftiens auec luy. Il eft fort foubmis

à la volonté Diuine, prenant toutes
ces difgraces pour penitence de ses fautes, & les estime autant de grandes faueurs, en comparaison de ce qu'il a de-
merité enuers Dieu. Sa femme se faict
Catechiser en Meaco, & seroit desia baptisee n'estoit le regret qu'en auroit sa
mere qui a esté nourrice du Dairo, & le
Dairo mesme. Mais on accommodera
tellement l'affaire, qu'en peu de iours
sans faire bruit elle obtiendra ce qu'elle
souhaitte, auec tant d'affection.

De ceste maison de la basse Meaco,
on a faict vne mission aux Royaumes
de Fococo, trois desquels qui sont vers
le Septentrion, appartiennent à vn Seigneur Gentil nommé Fingendono, qui
est l'vn des plus puissans du Iapon, &
tient à son seruice nostre Iuste Vcondo-
no, auec quarante mille sacs de ris de
rente. On enuoya donc vn Pere à la so-
licitation de Iuste, pour le confesser &
tous ceux de sa maison, aussi pour son-
der l'entrée de la côuersion du peuple, si
tost que le Pere fut arriué il l'introduisit
chez Figédono duquel il fut bien receu.

Il trouua là vne Eglise que Iuste a
bastie lequel est en fort bonne odeur en

toute ceste Cour, & non sans raison,
parce que luy & ceux de sa maison viuent en telle sorte, qu'ils semblent estre
tous religieux, ieusnant les iours ordonnez de l'Eglise, faisans leur oraison,
leurs penitences & mortifications, &
plusieurs autres choses de grande edification, ne permettant à ses Vassaux de
faire chose dont les Gentils se doiuent
offenser.

En peu de iours l'on a baptisé plus de
six vingts Gentils-hommes, entre lesquels il y en a douze ou treze de la fa-
mille de Figendono. Il s'est verifié ez
autres qui ont ouy la parole de Dieu, ce
que dit l'Euangile, qu'vne partie de la
semence tomba dans le chemin & fut
écachee sous les pieds, par ce qu'ils con-
fessoient bien que la Loy Chrestienne
estoit la vraye, mais le respect du monde és vns, & la crainte de leur Prince és
autres, ou la defiance de pouuoir garder
vne si grande pureté, foulant & oppri-
mant la semence celeste, les a retenus
en leur miserable aueuglement.

Ceste mission ayant esté neanmoins
prolongee à la requeste de Iuste, par la
permission volontaire de Figendono,

le Pere nous escrit, qu'il s'y faict tousiours de nouueaux Chrestiens, & qu'encore qu'il presche quatre ou cinq fois
le iour, il ne peut satisfaire à tous ceux
qui le vont ouir. Entre ceux qui ont esté
baptisez depuis peu, il y a vn Bouze de
Coia (qui estoit iadis la premiere vni-
uersité du Iapon) lequel abandonnant
vn temple d'idoles auec ses disciples, &
qui plus est, liurant entre les mains du
Pere les Idoles, & tous les liures pour
les brusler comme ils meritoient, a receu le baptesme au grand contentement des Chrestiens, nommément de
Luste qui faict grand cas de luy. Cinquante autres en ont faict de mesme,
dont il y en auoit vingt & quatre de la
Cour de Figendono, vingt autres se font
Catechiser, encouragez par les discours
de ce Seigneur qui iuge que les siens
font bien d'embrasser vne si bonne
chose, voire mesme des faueurs qu'il
faict par fois aux Chrestiens. Plusieurs
autres à cause de la bonne opinion que
ils ont de l'Euangile, sont desia portez
à quitter l'Idolatrie. Aucuns d'entre
eux esprouuent en cela vn tel sentî-
ment, qu'vn d'eux esmerueillé de ce

qu'il sentoit en soy mesme, & voyoit ez
autres, a confessé qu'il ne sçauoit qu'elle force auoit faict vn si grand changement de meurs en luy, ayant vn remords de conscience mesme és choses
legeres, effect beaucoup different de ce
qu'ils sentoient auparauant en eux.

Les premiers Chrestiens de ce pays
là, se sont confessez encore qu'ils ayent
eu la peine de venir de bien loing, c'est
vn grand contentement qu'ils se soient
si bien conseruez parmy les Gentils : car
il y en auoit plusieurs lesquels adiou-
stoient d'autres penitences & mortifications au ieusne du Karesme, comme
de ne boire que de l'eau, quitter le vin
& le Cia, qui est vn breuuage duquel les
Iaponois ne se sçauroient passer, de faire
les disciplines, ne manger qu'vne fois
de deux, où de trois en trois iours, &
semblables austeritez. Mesme qu'il s'est
trouué vne personne parmy eux qui est
demeuré vne sepmaine toute entiere
sans manger, & quand on luy dict que
c'estoit vne indiscretion, il respondit
que cela n'estoit rien en comparaison
de ce que nostre Seigneur Iesus-Christ
auoit souffert pour luy, & que lors qu'il

eſtoit Gentil il en auoit bien faiꞔt d'a-
uantage pour Satan. Il n'y a pas long
temps, que la ſecte qu'ils nomment
d'Icoſcius florit en ces Royaumes de
Fococo, leſquels à ceſte occaſion ſe ſont
trouuez fort peuplez de ſes ſectateurs &
des Bouzes, mais à preſent par la grace
de Dieu ceſte race diabolique, s'eſt tellement eſteincte, que d'vne infinité de
Bouzes fort puiſſans, il n'en reſte que
bien peu ſi foibles, qu'ils n'ont ſceu re-
dreſſer les principaux temples qu'on
leur a bruſlez. Et le Pere ſuſdiꞔ rap-
porte que paſſant par vn Royaume, il
trouua en vn champ quarante Idoles
de leurs Fotoques renuerſees par terre,
& en vn autre Royaume il vit tous les
Fotoques ramaſſez en vn lieu & briſez
en ſorte que les Gentils, qui n'agueres
les adoroient, les auoient faiꞔ ſeruir de
pierres aux murailles de leurs maiſons.
Ce n'eſt pas ſeulement en ces Royaumes que les Idoles ſont abbatues & mi-
ſes en pieces, ains en tout le Iapon, & la
diſpoſition generale de receuoir noſtre
ſaincte foy, eſt telle, que ſi le Seigneur
de la Tenze ſe declaroit franc amy des
Chreſtiens, la conuerſion ſeroit tres-

grande par tout. Mais Daifusama ayant
faict entendre qu'il ne veut pas que les
Seigneurs (comme nous auons dict)
soient baptisez, la chose va plus froide-
ment, combien qu'en ces Royaumes de
Fococo , les grandes portes nous y
soient ouuertes.

Ie mettray fin aux discours de Meaco en vous aduertissant que Daifusama,
de la forteresse d'Ozaca, où il estoit, s'en
est allé à celle de Fuscimo (laquelle ayant
esté toute ruinee par les guerres passees,
il l'a faicte rebastir plus forte qu'auparauant , mais non pas si magnifiquement)
laissant en Ozaca Findeorizama, auec sa
Cour : car il le traicte comme le vray
Seigneur de la Tenze. Le P. Organtin
estant allé à Meaco pour visiter Daifusama sur l'occasion de ce changement,
pendant qu'il attendoit en vne Sale,
remplie de Noblesse & de Seigneurs, il
disputa auec aucuns d'entre eux de nostre Foy Catholique, le profit qu'il en
retira , ce fut que les Gentils estans
vaincus ont promis de le fauoriser , &
de prendre le loisir d'entendre le Catechisme. De façon que le Pere ayant depuis demandé vne place en Fuscimo

pour y baſtir vne Egliſe, & les logis ne-
ceſſaires pour noſtre habitation, les
Gouuerneurs de Daifuſama la luy ac-
corderent, & l'vn deux nommé Fonda-
ſato (qui eſt le plus grand mignon de
Daifuſama, & qui obtient de luy tout
ce qu'il veut) dit en ſa preſence, ie ne
ſçay à quel propos, que ceux qui preſ-
chent, qu'il y a vne autre vie, meritent
d'eſtre fauoriſez particulierement la
Loy des Chreſtiens qui eſt ſi ſaincte &
conforme à la raiſon. Le fils de ce Fon-
daſato, nous affectionne ſemblable-
ment, & nous fauoriſe en tout ce qu'il
peut. Dont nous coniecturons que
Daifuſama nous a maintenant en meilleure opinion, & que les Chimeres
qu'il s'eſtoit forgé en ſa teſte s'en ſont
eſuanouies, puiſque les Seigneurs ont la
hardieſſe de faire plus pour nous qu'auparauant.

Des reſidences d'Amanguci &
de Bugen.

EN la reſidence d'Amanguci re-
commencee depuis trois ans, il y a
deux de la Compagnie, auec quelques

Dogichiens qui aydent à Catechiser, ceste ville à souffert plusieurs changemens, trauaux & ennuis, iusqu'à ce que Morindono ayant perdu sept Royaumes, toute la Noblesse se retira en Amanguci, comme en la Metropolitaine de l'Estat qui est demeuré à Morindono, laquelle est demeuree en paix fort annoblie & accreuë. Ce Seigneur auec la perte des biens temporels qui luy a esté commune auec tous les siens, ayant aussi par mesme moyen beaucoup perdu de la creance qu'il auoit en ses Fotoques, commence à prester l'aureille à la parole de Dieu. Cela est cause que les nostres y font vn grand fruict, ainsi que on peut voir par vne lettre qu'escriuit vn de nos Peres d'Amanguci le 5. de Septembre.

Ceste Chrestienté Dieu mercy s'achemine fort bien. Les Seigneurs de ceste Cour, viennent souuent à nostre Eglise, & m'occupent tellement que ie ne peux quasi faire autre chose. Il se trouue beaucoup de gens aux predications du Catechisme, & ne se passe guieres iour qu'il n'y ait quelqu'vn baptisé, depuis que ie suis de retour de

Feroſcima, outre trente perſonnes que
le frere Antoine a baptiſez en mon ab-
ſence, trente autres ont receu le bapteſme de ma main, entre leſquels il y a des
gens de marque. L'vn des quatre qui
ont auiourd'huy eſté baptiſez, eſt frere de Gienomotodono l'vn des principaux courtiſans de Morindono, entre
les Catechumenes, il y a le gendre de
Saſciedono gouuerneur de ces Royaumes, & s'appelle Ferobiordono homme
qui a de belles parties, & duquel on fait
grand cas, i'eſpere qu'il ſera bien toſt
baptiſé, & fera beaucoup de ſeruice à
noſtre Seigneur. Vne Damé fort ac-
cõpagnee, vint Dimanche dernier ouïr
le Catechiſme, s'il plaiſt à Dieu qu'elle
ſe face Chreſtienne, ſon exemple attire-
ra pluſieurs autres Dames. Ces iours on
a baptiſé à deux fois enuiron quinze
perſonnes pour auoir veu deliurer deux
poſſedez par les exorciſmes Chreſtiens.
Si l'ennemy du genre humain ne nous
trauerſe, i'eſpere que pluſieurs ſe con-
uertiront, par ce qu'il y a trente Seigneurs Chreſtiens, qui teſmoignent deſirer fort, & procurent que les leur am-
braſſent la Foy de Ieſus-Chriſt, ceſt

exemple feruira pour efmouuoir le refte, c'eſt la teneur de ſa lettre.

La ville de Feroſcima (que Daifuſama a baillee à vn Seigneur Gentil, nommé Fucuſcima) n'eſt eſloignee d'Amanguci, qu'enuiron deux bonnes iournées, il y a dedans de la Nobleſſe Chreſtienne, à l'inſtance de laquelle le P. Viſiteur ayant enuoyé en ceſte ville quelques vns des noſtres pour les confeſſer & confoler, ils y baptiſerent ſoixante perſonnes apres auoir ouy les autres de confeſſion, ils allerent viſiter Fucuſcima, lequel les receut fort amiablement, & leur offrit vn lieu pour y baſtir leur demeure, d'autant qu'eſtant amy des Peres & des Chreſtiens (comme il diſoit) il ſeroit bien aiſe de les auoir aupres de luy. Les choſes ſe trouuerent en ſi bonne diſpoſition, qu'on y pouuoit rebaſtir l'ancienne reſidence qui y eſtoit auparauant, ce que la Compagnie a differé pour n'auoir à preſent moyen d'entrer en ceſte deſpenſe.

Nous auons au Royaume de Bugen (qui eſt à Giecindono, comme nous auons dit) vne reſidence où il y a trois de la Compagnie, & quelques Dogi-

chiens, qui s'emploient tous à aider spi-
rituellement les Chrestiens qui sont
en grand nombre, & à conuertir les
Gentils, quoy que le fruict en ait esté re-
tardé par diuers empeschemens. Il s'en
conuertit neanmoins tousiours quelques vns: de sorte qu'il y a deux fois plus
de Chrestiens qu'auparauant. Entre
ceux qui ont receu le sainct baptesme,
Il y a vn Gentil-homme fort renommé, & duquel Giecindono faict grand
cas, fort docte ez sectes des Gentils, sa-
ge & bien-disant. Estant deuenu malade, il se fist apporter en nostre Eglise, en
vne chese toute couuerte, pour ouyr le
Catechisme, lequel luy ayant esté expli-
qué par vn de nos freres. Il s'en trouua
tellement edifié, qu'il confessa l'auoir
autresfois ouy, & disputé à l'encontre,
mais comme c'estoit à la persuasion de
ses amis, qui prenoient plaisir de le voir
disputer, il n'auoit point esté esmeu à
se faire Chrestien, comme à present
qu'il auoit penetré au trauers de la faus-
seté du Paganisme du Iapon. Il disoit
plus qu'en sa maladie il auoit receu de
viues, & indicibles inspirations de se
faire Chrestien. C'est pourquoy il estoit

expreſſement venu ſeul., ſans auoir
communiqué ſon deſſein à perſonne,
pour obuier à ce qu'on euſt peu dire
qu'il ſe conuertiſſoit pour quelque con-
ſideration humaine, & non pour le
ſeul deſir de ſon ſalut, par ce que le
cœur luy diſoit qu'il ne reſchaperoit iamais de ceſte maladie. Apres qu'il eut
eſté ſuffiſamment inſtruit, il receut à
grand ioye le ſainct Bapteſme, ne
ſe pouuant laſſer de remercier noſtre
Seigneur de ceſte grace tant ſignalee
qu'il luy faiſoit, quinze iours apres il
rendit l'ame à ſon Createur auec de
grands ſignes de ſon ſalut, qui fiſt pen-
ſer que Dieu l'auoit choiſi pour eſtre
predeſtiné.

Pendant que Giecindono eſtoit en
Cour, les Chreſtiens firent le Kareſme
en grand repos & deuotion, ſe confeſ-
ſans tous, & faiſans la diſcipline chaſ-
que Vendredy. Le Ieudy ſainct il ſe fiſt
vne proceſſion de Penitens, en laquelle
la pieté des femmes ne ceda en rien à
celle des hommes, parce qu'elles s'aſ-
ſemblerent en la maiſon de Dame Marie mere de Giecindono, & firent la diſcipline iuſques au ſang. Giecindono
eſtant

eſtant reüenu de la Cour, teſmoigna vn
tel contentemēt des obſeques faictes à ſa
femme en Ozaca, qu'il ne parloit d'autre choſe, & en diſcourant auec ſes filles
qui ſont Chreſtiennes, il leur fiſt venir
l'enuie d'en faire autant en Bugen, &
deſlors en firent Inſtance à leur Pere, lequel ſoit pour leur complaire, ou pour
iuger que cet honneur eſtoit bien deu à
ſa femme Gratia, ioinct le deſir qu'il
auoit de voir cela encore vne fois, & le
monſtrer à ceux qui ne l'auoient point
veu, pria les noſtres qu'au trantieſme
d'Aouſt iour du decez de Gratia, il leur
pleuſt celebrer ſon anniuerſaire, &
quoy qu'il iugeaſt bien qu'ils ne le
pourroient faire auec tant d'appareil
qu'en Ozaca, neanmoins comment
que ce fuſt, il en demeureroit fort con-
ſolé. Les noſtres ne pouuans luy refuſer
vne ſi pieuſe demande, pour les raiſons
ſuſdites qui ſont encore plus conſidera-
bles en ſon Royaume, où il y a pluſieurs
Chreſtiens, & grande diſpoſition d'y en
auoir d'auantage, luy promirent tres-
volontiers de faire ce qu'il deſiroit.
Pendant qu'on preparoit ces obſeques,

E

Nangaioca a rendu plufieurs tefmoi-
gnages de l'affection qu'il nous porte,
& en quelle eftime il nous tient fur
l'occafion de la venue de Cambicien-
dono de Cicugen, pour le congratuler
de fon heureux retour de Meaco, parce
qu'il fift appeller vn de nos Peres, & le
conuia à difner auec luy, & Cambicien-
dono, auec autant d'honneur & de
courtoifie qu'il eft pofsible de dire.

Il en donna vne preuue encore plus
claire, recompenfant publiquement les
fiens qui s'eftoient vaillamment portez
en la guerre contre les Regens: d'autant
que le cinquiefme d'Aouft (iour celebre, à caufe de la neige qui fe trouua en
Rome) Giecindono faifant en fa forte-
relfe vn acte public, & genereux en prefence de tous fes Capitaines, Gentils-
hommes & autres feruiteurs du Royaume de Bugen, qui eftoit pour donner
le loyer à ceux qui auoient faict quelque chofe fignalee en la guerre de l'an
paffé, il voulut que deux des noftres y
affiftaffent, afin de faire voir à tous
(comme il difoit) combien il nous efti-
moit. Chacun eftant donc affemblé en

vne grande ſale , il nous fiſt appeller , &
à la veuë d'vn chacun , Scingodono , &
Scioiemondono mignons de Nangaioca,vindrent receuoir les noſtres dans la
Cour, & les conduiſirent par le milieu
du peuple qui eſtoit arrangé des deux
coſtez, iuſques au haut de la Sale, puis
apres on ouurit la porte de la Chambre
où eſtoit Gieciudono , dans laquelle ils
furent introduis , & luy meſme vint au
deuant iuſqu'à la porte , les faiſant ſeoir
au premier lieu , par vne courtoiſie extraordinaire. L'on appella ceux qui deuoient eſtre recompenſez, lors d'vne
voix haute & claire , il les congratula
de la paix tant deſiree, dont ils iouiſ-
ſoient apres tant de guerres ciuiles:
apres il loua la valeur & les geſtes d'vn
ſien frere qui meritoit le premier prix,
& luy donna dix mille ſacs de ris de
rente, outre ce qu'il luy auoit auparauant aſſigné en la diſtribution des terres. Il fiſt le meſme à chacun des autres
Capitaines gens darmes & ſoldats ren-
dant à tous le teſmoignage de leur vertu,& le loyer de leurs trauaux. Les dons
qu'il fiſt lors , reuenoient à ſoixante

E   ij

mille facs de rente, grande quantité d'or
& d'habits qu'il departit aux foldats,
& en fin pour acheuer la ioye, il leur fift
à tous vn magnifique banquet. La fefte
finie les noftres prirent congé, & il les
accompagna iufques dans la fale où
eftoient fes courtifans, & d'autant que
la preffe eftoit fi grande qu'on n'y pouuoit paffer. Il commanda à vn fien frere de fendre la preffe, & les conduire
iufques dans la Cour. De façon qu'vn
chacun efmerueillé de tant d'honneur
qu'il faifoit aux noftres, ne peurent s'i-
maginer autre chofe finon que Nangaioca eftoit defia Chreftien, Dieu vueille
qu'il foit vray, nous confions en la mifericorde Diuine, que marchand d'vn
fi bon pied, il fe difpofera à eftre vne
grande colomne de la Chreftienté du
Iapon.

On auoit cependant preparé l'Eglife
& tendu de draps de foye tout au tour,
l'efchaffaut eftoit dreffe au milieu, auec
des degrez, couuerts d'vn drap d'or Da-
mafcé de la Chine, & le refte de la tom-
be d'vne riche couche de la Chine fort
élabouree, à l'entour des degrez il y

auoit foixante & dix Chandeliers dorez
& argentez faits exprez auec des lam-
pes argentees. Le iour des obfeques
eftant venu, Nangaioca nous enuoya
au nom de fes filles Chreftiennes vne
plaque d'or qui valloit quarante efcus,
& foixante facs de grain, non pas pour
donner aux pauures, comme on auoit
faict en Ozaca, mais pour ayder aux
frais qui fe faifoient. Aucuns de fes
courtifans enuoyerent auffi quarante
efcus. Tout eftant preft Giecindono
vint en noftre Eglife fi bien accompa-
gné qu'il fembloit le Seigneur de la
Tenze, les noftres l'ayans conduit en
fon lieu, commencerent les matines
des morts, puis dirent la Meffe (comme l'on auoit faict en Ozaca) & au bout
la predication fort vtile & à propos à
caufe que la plus part des auditeurs
eftoient Gentils, qui furent toufiours
merueilleufemént attentifs, de façon
que tant s'en faut qu'il y interuint aucun defordre ou ineptie, qu'au contraire tout fe paffa auec autant de modeftie
que fi c'euffent efté des plus grands,
Chreftiens. Tout le feruice ordonné de

là saincte Eglise ez obseques estant
acheué, on distribua aux pauures qu'on
auoit conuoquez de toutes parts ce qui
restoit d'argent, ce qui les edifia grandement. Apres que ce Seigneur eut
employé vn long espace de temps à
considerer l'ornement de l'Eglise, &
l'eschafaut il remercia tres-affectueuse-
mént les nostres, & voulut demeurer à
disner en nostre maison auec aucuns de
ses principaux. Il demeura deux ou trois
heures apres le disner, discourant de la
Foy de Iesus-Christ, & loua ceux qui
laissent leurs pays & leurs parens en intention de ne les plus voir pour venir
prescher au Iapon de l'autre bout du
monde. Ce qui ne pouuoit estre (à son
aduis) s'ils n'estoient bien asseurez
qu'en elle consiste le vray salut, que si
quelqu'vn des siens en estoit amou-
reux, il ne le deuoit chercher ailleurs,
adioustant de sa part qu'encore qu'il ne
fust Chrestien, neanmoins qu'il estoit
plus de demy conuerty, ce qui accreut
le soupçon de ceux qui le pensoient
desia Chrestien.

L'abord du peuple qui vint visiter

l'Eglise, apres le seruice, fut tel qu'on
eust dit que c'estoit vn grand Iubilé, en
moins de trois iours, il y entra plus de
trente mille ames, & Giecindono est
encore venu deux autres fois en nostre
maison, traictant auec les Peres des
choses de nostre saincte Foy, ce qui a
donné subiect à beaucoup d'entendre le
Catechisme, & on se promet vne grah-
de conuersion. Ce Seigneur monstre
vne bonne disposition, & on le voit
proceder comme s'il estoit touché d'vn
continuel remords de conscience, duquel estant nauré semble qu'il n'a autre
soulagement que de parler de la Foy de
Iesus-Christ, de proposer des doutes
auec vn desir de sçauoir ce qu'il doit
faire.

Ie feray fin disant que le Royaume
de Bungo (vne partie duquel est es-
cheuë à Nangaioca comme nous auons
dit) a esté tellement diuisé & departy
par Daifusama entre plusieurs Seigneurs Gentils, qu'à cause de ces changemens, on n'y à peu enuoyer des Peres
pour y demeurer, ainsi que les Chrestiens du pays nous ont eux mesmes

escrit. Neanmoins les Chrestiens de là n'ont pas laissé d'enuoyer leurs recommandations à ceux qui demeurent en Bugen, & en Amanguci pour estre secourus d'eux, de façon que les Peres sont allez deux fois à Bungo pour les confesser, & d'autres fois ceux de Bungo sont allez à Bugen pour le mesme subiect, & aucuns d'entre eux ont passé iusques à Nangasachi. Il s'est trouué parmy eux vn vieillard, lequel se sentant indisposé, creut qu'il estoit proche de sa fin, & partant eut vn si grand desir de se confesser, que surmontant toutes les difficultez que ses parens luy representoient qu'il mourroit en chemin, il vint de Bungo à Bugen, où s'estant confessé deux ou trois fois, il receut auec grande deuotion le sainct Sacrement de l'Eucharistie, fort consolé de mourir parmy les Chrestiens qui l'aiderent des saincts Sacremens en sa derniere necessité, dont il remercia affectueusement la bonté Diuine, & s'en vola de ceste vallee de miseres (ainsi que nous croyons) au repos Eternel. Voila tout ce que la briefueté

du temps ma permis de vous escrire. Il
né me reste plus qu'à demander vostre
saincte benediction au nom de tous
vos enfans de par deçà. De Nangasachi
le dernier de Septembre, 1601.

F I N.